여기서 시작

지금 당장
시작하는 기술

시작 자체가 어려운
당신을 위한

베키 블레이즈 지음
이현경 옮김

지금 당장 시작하는 기술

START MORE
THAN YOU CAN
FINISH

zozo 경이로움

일이 마무리되는 것을 보기 힘든 분들께
이 책을 바칩니다.

목차

──────── CHAPTER 1 ────────

우리가 하는 모든 시작의 합

미완성 작업을 늘리는 것과
초등학교 3학년 좌석 배치도의 마법

──────── CHAPTER 2 ────────

시작예술가적 기교

성취할 수 있고 가르칠 수 있는
시작의 기술

---- CHAPTER 3 ----

시작 메뉴

바비큐의 꿈, 짧은 시간 안에 성공 확률을 높이는 린스타트업,
배고픈 예술학도가 보여주는 아주 유쾌한 가능성

---- CHAPTER 4 ----

시작의 부분들

아이디어에 생명력을 불어넣기 위해
상상하고, 생각하고, 결정하고, 행동하는 법

---- CHAPTER 5 ----

시작예술가처럼 시작하기

자동차 여행, 5살 아이, 새내기 조종사,
코미디언이 더 많이, 더 잘 시작하는 방법

—— CHAPTER 9 ——

시작을 위한 준비물

테이프, 전동공구, 유튜브로
영감을 포착하는 법

—— CHAPTER 10 ——

우리의 시작에 거는 도박

우리만이 시작할 수 있는
타이밍, 기술, 위험, 아이디어에 내기 걸기

머리말

당신을 길러준 사람들은 자신들이 옳은 일을 하고 있다고 생각했다.

그들이 당신에게 끝내지 못할 일은 처음부터 시작하지 말라고 했을 때, 그들은 이 말이 도움이 될 것이라고 생각했다. "시작할 가치가 있다면 끝낼 가치가 있다." "시작이 중요한 게 아니라 끝내는 것이 중요하다." 또는 심지어 "분에 넘치는 일을 하지 마라"라고 말할 때, 그들은 당신의 꿈을 이뤄줄 인생의 길잡이와 같은 지혜를 심어주고 있다고 생각했다.

당신의 머릿속에 이러한 교훈을 집어넣은 사람들은 당신이 엉망진창으로 살까 봐 걱정하면서도, 당신의 창의적인 운명에 대해서는 별로 걱정하지 않은 것 같다. 그들은 소파 쿠션 사이에 떨어진 색연필, 절반만 어중간하게 완성한 케이크 같은 것을 걱정했다.

아마 그들은 당신이 숙제를 제때 끝내지 않으면 나중에 세금 신고도 제대로 끝내지 못하고, 그렇게 끝내지 못한 일들이 또 다른 일들로 이어져 30대가 되어 소파에서 잠을 청하게 될까 봐 걱정스러워했던 것 같다. 그들은 당신의 삶에 자신들의 꿈을 투영하고는, 당신이 혹여나 그 꿈을 망쳐버릴 나쁜 습관을 들일까 봐 걱정했다. 다시 말해 자신들만의 환상이 끝나버릴까 봐 걱정한 것이다.

그러나 나에게는 아무도 이런 조언을 해준 적이 없어서 그 이유가 무엇인지 이런저런 생각을 해봤다.

나의 아버지는 말하자면 전투 중 행방불명된 병사였고, 어머니는 자녀 6명을 기르며 일을 했기 때문에 소파에 떨어진 색연필을 걱정할 여력이 없었다. 또한 내게 모든 것을 잘 끝마치라고 말할 여력도 없었다. 오히려 어머니는 이렇게 말씀하시는 편이었다. "넌 그 매듭 공예로 강아지 옷을 절대 완성하지 못할 거야. 하지만 어쩌면 모자는 만들어볼 수도 있을지도 몰라."

자, 보라! 나는 내 눈알을 찌르지도 않았고 도끼 살인범과도 결혼하지 않았으며 무사히 잘 자란 성인이 되었다. 그렇지만 사실 나는 엉망진창이면서도 창의적인 삶을 살고 있다.

평소 우리가 별생각 없이 생각하는 것들에는 우리를 지배하는 엄청난 힘이 깃들어 있다. 그리고 우리 머릿속에서 자동으로 반복되는 이 특정한 사고방식, 즉 일을 끝내는 것이 가장 중요하며, 끝내지 않고 시작하는 것은 도덕적인 실패리는 진부한 믿음은 제 기능을 해낸 적이 없다.

아마도 이러한 교훈은 우리가 더 많은 일을 끝내도록 하는 게 아니라 더 많은 일을 시작하지 못하게 만드는 것 같다.

창의성이 요구되는 세상에서 우리가 흔히 하는, 시작과 마무리에 대한 말들은 진실을 왜곡하고 종종 해로운 영향을 끼칠 수 있다. 아버지에게 처음 만든 3개의 정원 장식용 조각품을 모두 팔기 전까지는 더 이상 다른 걸 만들지 말라고 하거나 아이들에게 저녁 식사 전까지는 레고를 꺼내지 말라고 하는 것처럼, 이렇게 진취적인 마음 주변에 가드레일을 설치하는 건 그런 마음을 격려하는 것과는 아주 딴판인 일이다. 이는 창의적인 용기의 불씨를 꺼버리고 성장을 저해한다. 이건 중요한 문제다.

우리는 더 많은 것을 시작해야 한다.

우리는 모두 더 많은 것을 시작해야 한다.

우리는 모두 많은 일을 상상해보고 점화 스위치를 눌러 그 일을 시작해야 한다. 우리는 10분이 걸릴 일, 5년이 걸릴 일, 절대 끝나지 않을 일을 시작해야 한다. **왜냐하면 우리의 생각을 행동으로 옮기는 것이 우리가 가진 최고의 모습이기 때문이다.**

끝낼 수 있을지 확신이 서지 않아 시작하기를 주저한 적이 있다면, 이 책은 당신을 위한 책이다. 빨리 선택하거나 빨리 시작하지 않아서 영감이 꺾인 적이 있다면, 이 책은 당신을 위한 것이다. 완벽하지 않거나 유익하지 않을까 봐 재미있는 생각을 포기한 적이 있다면, 이 책은 당신을 위한 책이다. 당근을 용수철 모양으로 채 써는 주방 도구를 머릿속에서 발명했지만, 다른 사람이 먼저 이 아이디어를 활용하는 바람에 TV 속 수백만 달러를 번 사람처럼 큰돈을 벌 수 있는 기회를 놓쳤다면, 이 책은 당신을 위한 것이다.

"시작한 일에 무슨 문제가 생겼나요?"라는 질문을 받았을 때 그 일을 완전히 끝내지 못한 수치심에 머리를 숙일 수밖에 없다면, 이 책은 당신을 위한 것이다. 왜냐하면 그 수치심이 일을 끝마치게 해 주기보다는 (물론 그럴 가능성도 있지만), 그것이 당신의 시작을 방해하기 때문이다.

나는 당신이 이 세상에 당신의 모습을 더 많이 남기길 바라는 마음으로 이 책을 썼다.

이런 건 우리가 모두 원하는 게 아닐까? 이 세상에서 우리에게 주어진 시간을 소중히 여기는 것, 몇 년 후 이 땅에 외계인들이 찾아와 중학교 문학 동아리에서 쓴 선언문을 발견하고는 "우아, 이 유기체들은 혈기가 왕성했군"이라고 말할 수 있도록 우리의 모습을 세상에 남겨두는 것 말이다.

우리는 아이를 키우고 사람들과 어울리고 밥벌이를 하는 등 여러 활동을 하며 이 세상에 우리의 모습을 남긴다. 하지만 이는 피상적일 뿐이다. 나는 이 세상에 우리의 모습을 남기는 가장 진실하고 강렬한 방법은 우리의 생각을 행동으로 옮기는 일에서 찾을 수 있다고 생각한다. 우리가 심사숙고해 만들어내는 것들에서 말이다.

생각을 행동으로 옮기는 일의 가치는 웅장하거나 계획적인 마무리로 판단되지 않는다. 그 가치는 바로 모든 시작에 깃들어 있다.

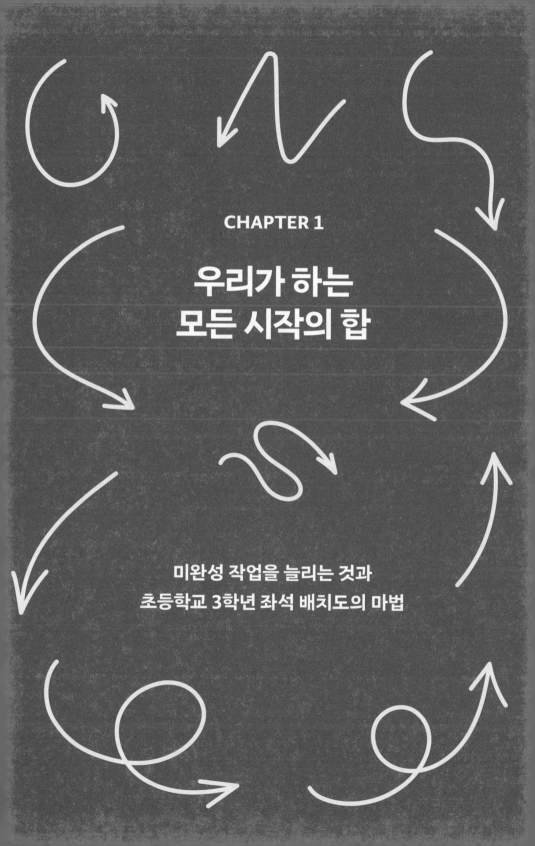

CHAPTER 1

우리가 하는
모든 시작의 합

미완성 작업을 늘리는 것과
초등학교 3학년 좌석 배치도의 마법

- 우리는 우리가 하는 모든 시작의 합이다
- 압정과 색도환지

한 사교 모임 파티에서 재계 인사들과 이야기를 나누고 있었다. 접시 위의 전채 요리와 잔에 남은 화이트 와인의 양의 균형을 적절히 맞추는 데 집중하고 있을 때 누군가 내가 아는 이름을 입에 올렸다.

계속해서 새로운 사업을 일으키는 내가 존경하는 연쇄 사업가의 이름이었다. 그 사업가는 활력이 넘치며 추진력이 강한 사람으로, 혁신적인 사고방식을 지닌 지역사회의 후원자이자 시市의 자산과도 같은 사람이었다. 그를 이 작은 엘리트 그룹이 "글쎄, 그 사람 이야기가 나와서 말인데요…"라며 거세게 비판하려 들 때 내가 느꼈을 혼란스러움을 상상해보라.

"그 사람은 훌륭하고 정말 똑똑하긴 한네… 항상 새로운 일을 시작하죠. 또 항상 새로운 생각들로 가득 차 있죠. 근데 그가 정말 그 혁신을 제대로 이뤄낸 적이 있느냐는 거예요. 제 말은, 그 사람이 정말로 일을 끝마친 적이 있는지 묻고 싶네요. 그러니까 그 사람이 세운 첫 번째 회사 말고 뭐가 있죠?" 이어서 다른 사람들도 덧붙였다.

이곳이 바로 '선량한 도시 캔자스시티'라고 불리는 캔자스시티라는 점을 기억해라. 그렇기에 사람들은 정중하게 이야기를 나눴지만 가식적인 호의가 가득했다. 그렇다고 착각하지 마라. 이건 분명 지나친 비판이었다.

사교 모임 파티에서 나눈 이야기를 모두 기억하지는 않지만 이 잔인하고 비판이 난무했던 대화는 결코 잊을 수 없다. 이 사람들이 나에 대해서도 떠들어댔을 수 있기에 그렇다.

나는 몇 년 전에 나의 첫 회사를 매각했다. 그렇다고 내가 눈부신 성공을 거뒀던 것은 아니다. 나는 사업을 매각해 넘겨준 기관의 이사회에서 의장을 맡고 있었지만, 솔직히 말해 이는 완전히 필요 없는 일이었다. 그래서 나는 주로 창의적인 일을 하며 즐겁게 지내고 있었다. 아트 스튜디오에서 실험을 하고, 기사와 시를 쓰고, 지역 사회를 위한 프로젝트에 뛰어들었다.

이런 일들을 하기 위해 사업을 매각했었지만, 이것만으로는 충분하지 않다는 생각이 들기 시작했다. 나는 한때 사업가들에게 깊은 인상을 남기기 위해 애썼는데, 비난 섞인 그들의 대화는 내가 품었던 의구심을 더욱 명확하게 만들었다. 내 시간을 잘 보내고 있는 것일까? 올해 시작한 프로젝트를 끝낼 수 있을까? 내가 하는 일들이 정말 중요한가? 나는 쉽게 포기하는 사람인가? 아니면 나는 잘하는 게 한 가지뿐인 사람인가?

그 주가 끝날 무렵, 나는 50번째 생일을 맞으며 내가 끝내지 못한 모든 일의 목록을 작성해야겠다고 결심했다. 나는 속으로 내가 시작한 일을 끝내기 위해서 힘든 자기애를 실천하고 있으며, 바로 이것이 시작한 일을 마무리하기 위한 동기부여 훈련이라고 생각했다. 시간이 없다고 느꼈다. 나이는 먹어가고, 시간은 째깍째깍 흐른다. 인생의 반을 산 이 시점에 내가 끝마치지 못하고 미완성으로 남겨놓은 일들에 몸서리치는 것을 넘어 수치심을 느끼는 게 마땅하다고 생각했다.

이렇게 창의적으로 지금까지의 인생을 점검해보는 일은 내 인생의 후반부를 최대한 활용하는 데 필요한 현실 점검이 되었다. 만일 내가 인생에 실패했다며 진정으로 괴로워했다면, 나는 성공을 향해, 결승선을 향해 나아가기를 두려워했을 것이다!

그래서 생일날, 실패를 셈하기 시작했다. 실패한 글쓰기부터 시작했다. 오래된 컴퓨터 파일을 파헤치고 불안정했던 문단^{文壇}에서의 경력을 더듬더듬 떠올리며 기억 속을 오래도록 헤맸다. 초안 폴더에서 결코 완성된 적이 없던 일부 작품들을 발견했다. 연을 다 갖추지 못한 시, 출간되지 못한 기사, 안 쓰느니만 못한 형편없는 소설.

예술 활동도 따로 되돌아봤다. 내팽개쳐뒀던 그림, 작업실에서 시도했던 판화 실험물, 내 아이들을 반쯤 그린 스케치를 찾고자 선반을 뒤집어놨다. 나는 심혈을 기울여 만든 여러 조각품의 일부분과 전동공구 책자에 테이프로 붙어 있는 목제 조직 덩어리들을 발견했다. 컴퓨터에서는 미완성된 프로젝트 폴더를 발견하고 또 발견했다.

그렇게 모두 30년의 세월을 담고 있었다.

미완성된 프로젝트를 찾아낼 때마다 나는 이걸 왜 시작했는지, 무슨 일이 일어나서 끝마치지 못했는지 기억하려고 애썼다. 며칠 동안 나는 과거의 나에게 도대체 무슨 생각을 하고 있었는지 물었다.

'그래, 네가 피에스타[1] 제품 수집에 관한 기사를 쓰기 시작했다는 건 알겠어. 근데 어디에 그 글을 실으려 했던 거야? 글 쓰는 게 지겨워지거나 중간에 전화라도 받게 된 거야?'

'딸 테스를 그린 이 그림… 테스는 10살쯤 돼 보이네. 테스에게 눈을 그리는 방법을 가르쳐주려고 이 그림을 그리기 시작한 걸로 기억하는데. 잘 그렸네.'

'음, 반쯤 완성한 팔찌 2개와 장신구 제작용품 상자 말인데… 이게 여기 있다는 걸 잊었던 거야?' 나는 자문자답했다.

때로는 나 자신과 언쟁을 벌이기도 했다. 지금은 죽어서 없는 강아지를 그린 스케치, 발송된 적 없는 14장의 감사편지, 꽤 잘 쓴 여행 기사를 발견했을 때 부끄러움에 삿대질하며 나와의 언쟁을 벌였다. '그렇게 많은 노력을 쏟아붓고 어떻게 그냥 포기해버렸지? 정말 잘됐을 수도 있었어. 그만두지 말고 끝까지 해야 했어.'

20대에 자필로 쓰기 시작한 150쪽 분량의 회고가 담긴 일기장을 찾았을 때 나는 고통스럽고 통제할 수 없는 불안감에 사로잡혔

---

1 Fiesta. 미국의 가장 유명한 도자기 회사. ―편집자

지금 당장 시작하는 기술

다. 이 일기장의 제목을 '가여운 나'라고 지었어야 했다. 나는 정말 똑똑하고 성실했지만 인정받지 못했다. 세상이 어떻게 이렇게 잔인할 수 있단 말인가? 23살의 그 작가를 꾸짖고 머리를 쓰다듬어주고 나니 내가 그 회고록을 내팽개쳤다는 사실이 떠올랐다. 그 회고록이 시시하고 유치해서가 아니라 (근데 분명 유치하기도 하다), 다행스럽게도 성인군자 같은 어머니가 아직 살아 계신 동안에는 이렇게 방탕한 글을 세상에 결코 내놓을 수 없다고 생각했기 때문이다.

이 일로 나는 유감스럽게도 일기를 다시 들여다보게 되었고, 잊고 있던 젊은 시절의 소중한 일화들을 찾을 수 있었다. 그 일기장에서 나는 거의 30년 동안 완전히 잊고 있었던 초등학교 3학년 소녀의 이야기와 게시판을 발견했으며, 이 책을 쓰도록 영감을 준 창의적인 기억의 문을 열어젖혔다. 기다리시라, 이 이야기는 27쪽에서 자세히 하겠다.

컴퓨터 파일을 뒤적거리던 어느 날, 컨설팅 회사 사업계획안을 발견했다. 이 사업을 제대로 시작한 적은 없었으며, 그래서 뭐 하러 이 일에 노력을 쏟아부었던 건지 화가 났다. 다만 그 단어를 읽기 전까지만 말이다. 그 계획안에 포함되어 있었던 단어로, 몇 년 후에 내가 설립한 홍보 회사이자 내 경력에 큰 기쁨이 되었던 회사의 가치를 담은 그 단어를 읽고는 달라졌다.

이런 순간들로 점철된 몇 주가 지나고, 또 며칠 이런저런 것들을 뒤지면서 오래된 일과 관련해 나 자신과 수백 번의 논쟁을 거듭한 끝에 예상치 못한 일이 일어났다.

주말 내내 이어진 연인 간의 싸움도 끝이 나는 것처럼 나도 지쳐서 휴전을 선언했다. 그리고 나는 젊은 시절의 창의적인 자아와 다시 만나고 있었다. 그녀에게 주워 담을 수 없는 추한 말들을 했지만 보라, 사랑의 감정은 어느 때보다 더 강해졌고 여전하다. 그리고 앞으로 지켜야 할 몇 가지 중요한 기본 규칙을 정했다. 젊은 시절의 내가 마구잡이로 여러 가지에 관심을 두고, 집중력이 오래가지 못하고, 적절히 기록을 정리하지 못했다고 더는 나무라지 않을 것, 또한 그 어떤 일에서도 이미 너무 늦었다고 말하지 않겠다는 규칙을 정했다.

지금도 되돌아봐야 할 일이 많이 남았으며 이를 그만둘 생각이 없다. 하지만 그 과정은 달라졌다. 나를 형편없다고 느끼게 하고 내게 불안함을 가져다주리라 생각했던 일은 사실 정반대의 기분을 느끼게 해줬다. 나는 영감을 얻고 기쁨에 취했다. 나는 이 경험이 끝나길 원치 않았다. 내 삶에서 마무리되지 않은 것들을 다시 돌아보는 일은 정말이지 신나는 일이었다.

중년의 위기로 시작된 이 잔인한 일은 깨달음으로 바뀌었다. 생각을 실현하는 것, 설사 전에는 그 일이 잘 풀리지 않았을지라도 이는 내 인생에서 가장 고상하고 빛나는 일이었다. 나는 내가 시작했을 뿐 끝내지 않았던 것들을 실패로 보지 않았다는 사실을 깨달았다. 나는 이것들을 창의적인 과정을 쌓아 올리는 블록으로 봤다. 내 마음을 일깨워주는 것으로 봤다.

그 모든 시작에서 나는 성장하는 모습을 봤다. 더 솔직하고 흥미진진하며 핵심을 찌르는 글을 쓸 줄 알게 된 작가를 봤다. 아이디

지금 당장 시작하는 기술

어와 위험을 평가할 줄 아는 사업가를 봤다. 소심했다가 용감한 마음을 갖게 된 예술가를 봤다.

중년이 되어 지나온 삶을 점검해보는 일은 축하할 일이었다. 빨래, 청구서, 일, 고장 난 배관 시설과 같이 우리 삶을 이루는 잡다한 것들과 함께하는 삶 속에서 시간을 내어 아이디어에 생명을 불어넣어 봤다. 시도하고 궁금해하고 행동해봤다. **또한 내 머릿속의 생각이 어쩌면 실제 세상에서도 정말 유용하지 않을까 하는 마음에 호기심을 행동으로 옮겨봤다.**

돌이켜보면, 나는 성공을 봤다. 22살일 적 결실을 이뤄내지 못했던 생각이 32살의 내게 어떻게 더 나은 영감으로 다가왔는지, 그리고 그 작은 프로젝트가 어떻게 더 큰 프로젝트로 바뀌었는지 분명히 봤다. 나는 미완성된 창작물이 불러온 다른 창작물이 중요한 연결고리가 되어 훗날의 돌파구로 이어지는 것을 봤다.

내가 시작하지 않은 모든 사업, 전시되지 않은 모든 예술 프로젝트, 아직 결성하지 않은 동호회, 열리지 않은 파티, 출판되지 않은 에세이 등 완료되지 않은 갖가지 시작이 각자의 완벽한 목적을 완벽히 달성해낸 것으로 밝혀졌다.

여러 가지 일을 벌였던 내 과거를 헤집으며 많은 감정을 느꼈지만, 후회를 느끼진 않았다.

시작이 완성에 이르는 것은 기쁜 일이다. 그러나 우리가 시작한 모든 일이 계획한 대로 결승선에 도달할 수 있는 것은 아니며, 이는 나쁜 일이 아니다. 모든 시작은 다음과 같은 역할을 한다.

- ✔ 다른 프로젝트와 생각을 위한 **도약대**
- ✔ 상상에 불을 지필 수 있다는 것을 우리 뇌에 증명해주는 **자신감 생성기**
- ✔ 생각을 실현할 때 어떤 일이 일어나는지 생생히 보여주는 **현실 점검**
- ✔ 뇌에 다음 통찰력으로의 길을 안내해주는 **GPS**
- ✔ 전두엽을 위한 **건강한 기분 전환**
- ✔ 융통성, 비전, 위험 감수 성향 등 시작에 필요한 근육을 기르기 위한 **운동**
- ✔ 이것이 없다면 감히 상상할 수 없었을 매우 성공적인 창작의 **첫 단추**

 몇 주 동안 내가 한 실패를 헤아려본 후 더는 못 하겠다 싶어 미완성 프로젝트 세보기를 그만뒀다. 총 2,865개였다. 소셜미디어 게시물, 육아일기, 어머니의 팔순 잔치까지 포함하면 그런 숫자가 나온다. (엄밀히 따지면 하나를 빼야 하는데, 어머니는 잔치를 열지 말자고 하셨고 나는 열 준비가 100% 되어 있었다.) 그렇다, 그 수는 2,865다. 나는 2,865번이나 시작은 했지만 제대로 끝내지 못했다. 매듭지어야 할 일이 참 많기도 많다.

 여기서 내가 몇 가지 작업을 끝마치기도 했음을 잠시 언급할 필요가 있겠다. 그 수천 개의 시작한 일 중에서 마무리해서 축하받은 성취들도 있다.

 나는 회사를 설립했다. 광고·홍보 및 브랜딩 대행사로, 경력 대부분을 이 분야에서 쌓으며 생계를 이어나갔다. 또한 출판사, 부동산 사업, 패션 액세서리 브랜드, 작은 여행 회사, 그다지 엄청난 기술이 필요하지 않은 기술 회사를 세워 부업 개념의 소규모 벤처사업을 이어갔다. 이 모든 사업은 한 사업을 제외하고 어느 정도 돈을 벌게 해줬다. 그리 슬프지 않은 이 이야기는 챕터 6에서 하도록 하겠다.

예술 작품을 만들었다. 내 정원을 꾸미기 위한 나무 조각품부터 전시되고 갤러리에 팔리기도 한 혼합매체[2] 예술 작품까지 다양하다. 또한 여러 글을 썼다. 홍보 회사 업무를 하며 20년간 다른 사람들을 위한 대필 작업을 한 후 기사와 책, 시를 썼으며, 페이스북에서 잘못된 정보를 발견하고 몇몇 사람을 위해서 글쓰기 솜씨를 한껏 발휘한 설명문을 썼다.

옷을 만들었다. 옷가지와 액세서리, 수제로 세상에서 제일 긴 장식용 술을 만들었다. (생각보다 정말 재밌는 일이다.) 여러 이벤트를 주최했다. 모금 행사, 프레젠테이션, 훈련 프로그램을 열었다. 공동으로 곡을 작곡하고 프로듀싱하기도 했는데, 이 책에서 내가 했다는 것을 보여주기 위해서였다.

좀 더 평범하게는, 파티를 열고 여행하고 식사하고 이메일을 쓰고 사진 앨범을 만들고, 정말 창의적인 걸작이나 다름없는 엄청난 양의 감사편지 쓰기를 해냈다.

의심할 여지 없이 나의 미완성 작업은 내가 완료한 모든 작업에 한몫했다. 교활하고 비판적이고 우아하고 부지런하며 용감하고 매우 필수적인 역할을 해냈다. 내 과거를 샅샅이 뒤지지 않았다면 나

---

2 하나의 예술 작품을 완성하기 위해 여러 개의 매체를 혼합해 사용하는 예술 기법 또는 그런 작품. —옮긴이

는 이 사실을 결코 알지 못했을 것이다.

나의 시작과 마무리를 그대로 받아들임으로써 나는 인생의 명확한 방향이라는 궤도에 올랐고 높은 창의성을 갖게 되었다. 인생을 창의적으로 점검해본 지 몇 년 만에 나는 1,200개 이상의 새로운 일을 '완료'했다. 상품, 예술품, 글쓰기 프로젝트, 노래, 2개의 코미디쇼, 또 이 책까지 말이다.

우리는 우리가 하는 모든 시작의 합이다

창의성과 관련해서 셈하거나 계산하려 들어서는 안 될 것이다. (내가 이제껏 창의적인 일들을 세보고 계산하는 것에 대해 길게도 이야기했지만 말이다.) 우리는 감히 가치를 따질 수 없는 것들을 비교해 가치를 할당해서는 안 된다. 하지만 우리는 그렇게 한다. 숫자를 가지고 그렇게 한다기보다는 추상적이고 개인적인 방정식을 동원해 우리의 삶을 의미 있게 만들고자 그렇게 한다. 삶을 행복으로 이끌기 위해 또 후회를 견디기 위해 그렇게 한다. 나는 이 계산을 점차 줄여나가고 있지만, 그렇게 할 때는 새롭고 내 삶에 힘을 실어주는 믿음이 동반된다.

우리는 실패와 놓쳐버린 기회 또는 이루지 못한 일들의 합이 아니다. 마찬가지로 큰 승리와 우리가 원하는 대로 달성된 몇 안 되는 일들로 이루어진 것도 아니다.

우리는 우리가 불을 지펴낼 상상력과 행동으로 옮겨낼 생각들의 합이다. 우리는 우리가 추구하는 호기심이며, 그 호기심이 우리 내면을 밝히므로 우리는 잠재력이기도 하다.

우리는 우리가 하는 모든 시작의 합이다.

압정과 색도화지

나는 초등학교 1학년 때부터 항상 교실 맨 앞자리에 앉았다. 선생님의 총애를 받았거나 좋은 성적을 받고 싶어서가 아니라 볼거리를 치르며 오른쪽 귀의 청력을 완전히 잃었기 때문에 선생님의 말씀을 잘 듣기 위해서였다.

3학년 첫날, 좌석 배치가 문제가 될 것이 뻔했다. 나는 어떤 일이든 빨리 해냈고 이야기하기를 좋아했다. 특히 재닛과 이야기하기를 좋아했는데, 재닛은 나와 두 자리 떨어져 앉아 무릎까지 오는 고고 부츠를 신었다. 또한 나는 오늘날 주의력결핍장애라고 알려진 것과 씨름하고 있었는데, 1960년대 후반에는 그런 게 있는지도 몰랐다.

앞줄에 앉은 어린 내가 수학 숙제를 마치고 재닛에게 촐랑거리고 악쓰며 귓속말하는 모습을 상상해보라. 여전히 수학 숙제를 하고 있는 아이들을 산만하게 하기 충분하다. 앞줄에 앉는 학생이 할 만한 행동이 아니었다.

다행히도 선생님은 뛰어난 교사였다. 비하이브 선생님(실명이 아니다)은 3학년 담임교사의 뛰어난 실력으로 새 학기가 시작된 지 2주 만에 이 야단법석을 잠재웠다. 선생님은 내게 게시판 관리를 맡겼다.

이 사실이 별로 놀랍지 않다면, 조지 로건 초등학교의 3학년 게시판이 단순히 가로세로 2.4×1.5m 크기의 작은 코르크판 형태가 아니었음을 설명해야겠다. 아니고말고. 그 게시판은 꿈에 그리던 게시판이었다. 전체 길이는 교실 앞에서 뒤까지의 길이에 맞먹었고, 교실 모퉁이에서 꺾여 교실 뒤쪽 너비의 반을 차지하고 있었다. 아주 크고 창의력이 샘솟는 빈 공간으로, 높이가 1.5m이고 가로 길이가 자그마치 9m나 되었던 것 같다. 8살짜리 아이가 되어 상상해보자. 어떻게 그 크기에 압도당하지 않겠는가. 커도 너무 컸다. 그런데 내가 책임을 맡았다.

어디서부터 시작할지 몰랐고 어떤 제약도 없었다. 마감일도 없었고 결승선도 없었다. 이걸로 성적이 매겨지는 것도 아니었고 누구와 비교당하지도 않았다. 그냥 내 일을 할 뿐이었다.

안심해라. 비하이브 선생님은 게시판 관리에 흡족해하셨다. 선생님은 게시판에서 달력, 과학 도표, 죽은 대통령들의 사진, 그 밖의 일반적인 것들 등 필수적인 게시물들을 확인할 수 있었다. 하지만 이 지루하기 짝이 없는 것들에는 주제, 오려 붙인 색종이, 매직펜으로 지도를 따라 그린 바쁜 도시의 모습이 필요했다. 그리고 바로 이 모든 것이 내게 달려 있었다.

내가 창의적이라는 것을, 무언가를 만들어내는 일이 바로 내 일이라는 것을 알았을 때가 언제인지를 꼽으라면, 바로 초등학교 3학

지금 당장 시작하는 기술

년 게시판 작업을 하던 때다.

내 모든 관심을 집중시켰고 다른 문제에는 관여하지 않았다. 고고부츠 소녀 재닛과 이야기를 나누는 대신, 색종이로 부츠 모양을 오려내 파란색 도화지로 만든 델라웨어강을 건너는 조지 워싱턴[3]의 발자국을 만들어 배치했다. 모두가 아는 것처럼 나는 자리에 앉아 손톱을 물어뜯는 대신, 내 손을 따라서 그리고 오려낸 수많은 손바닥 모양의 색종이를 붙여 게시판 테두리를 만들었다.

매일 빈 페이지를 마주하는 것이란! 게시판이라는 땅이 너무도 넓어서 **머릿속에 떠오른 터무니없는 아이디어들이 모두 자리를 찾을 수 있었다.** 거의 매일 새로운 아이디어나 주제를 선보였고 수업 계획, 계절, 학부모 참관일에 따라 부분 부분을 바꿔 꾸몄다.

짧은 시간 안에 부리나케 일하는 법, 빠른 결정을 내리는 법, 물품이 바닥났을 때 차선책을 마련하는 법을 배웠다. 휴일이 다가오거나 계절이 바뀌면 작업 강도가 세져서 작업 절차와 서식, 1인 조립 라인을 구축하기도 했다. 날이 무딘 학교 가위로 내가 얼마나 많은 단풍을 오릴 수 있을지 정확히 알고 있었다. 재빠르게 치우고 정리하는 법을 배웠기에 새로 수업이 시작될 때면 나는 금방 제자리로 돌아와 앉을 수 있었다.

---

3 미국 건국의 아버지이자 초대 대통령인 조지 워싱턴은 18세기 미국 독립전쟁 당시, 크리스마스 당일 밤에 대서양 연안을 따라 흐르는 델라웨어강을 건너 기습 공격을 일으켜 전쟁을 성공적으로 이끌었다. ─옮긴이

나는 당신이 무엇을 궁금해하는지 안다. 다른 학생들이 질투하지 않았을까? 다른 학생들도 게시판 작업을 하고 싶지 않았을까? 이게 바로 마법처럼 가장 신기한 부분이다. 내가 이 일에 너무나도 빠져 있어서 이런 줄을 몰랐거나 비하이브 선생님이 요령 있게 대처하셔서 이런 일이 일어나지 않았던 것 같다. 이따금 다른 친구가 수업 시간에 가만히 있질 못할 때, 비하이브 선생님은 나보고 친구들에게 게시판 프로젝트를 맡기라고 말씀하셨다. 나만의 스타일을 좀 방해하긴 했지만, 꼭 필요한 사회성을 기르는 데 도움이 되었다. 다른 친구들을 위해서도 말이다.

게시판의 여왕으로서 나는 내가 중요하다고, 내게 주도권이 있다고 느꼈다. 내게는 미술용품, 선생님의 승인, 자율성이 이미 갖춰져 있었다. 나는 언제 어디서든 뮤즈를 발견했고 적당히 산만했다. 나에게는 고고부츠가 없다는 것과 뻔뻔한 친구인 조지와 못된 스티브가 나보고 키가 크다고 놀리는 것도 잊었고, 〈길리건스 아일랜드〉[4] 방영 첫 주 동안 우리 집 TV가 고장 나서 무척 아쉬웠던 일도 거의 잊어버렸다. 어린이를 위한 털 달린 공작용 철사와 투명 풀로 돌파구를 찾았을 때 유년기의 좌절감에 빠져 생각에 잠겨 있을 시간이 없었다.

눈에 보이는 것보다 더 많은 일들이 그 게시판에서 시작되었다.

---

4 미국 CBS 방송국에서 1964~1967년 인기리에 방영된 시트콤. ─옮긴이

지금 당장 시작하는 기술

당시 거대한 게시판을 꾸미며 나만의 예술 스타일이 생겨났으며, 수십 년이 지난 지금도 그 스타일은 내 작업물에 뚜렷이 나타난다. 나는 여전히 콜라주와 오려낸 조각들을 덧입혀 만든 재료들을 사용한다. 여전히 엉뚱한 모양의 집과 장난스러운 모양의 나무를 좋아한다. 또한 변함없이 종이로 나뭇잎을 오려내는 노동으로 심신의 안정을 찾는다.

무엇보다도 거대하고 다채롭고 골치 아픈 코르크판에서 인생관이 떠올랐다. 수학 시간이 끝나고 나면 항상 무언가 창의적인 일을 시작하는 게 좋다. 이 세상은 거대한 게시판이며, 이 게시판 작업을 끝내기란 거의 불가능하다. 그래도 괜찮다. 마무리가 항상 중요한 것은 아니기 때문이다. 당신도 이에 동의하길 바란다.

내가 자유분방함, 열정, 기분 좋은 불완전함으로 게시판을 채웠던 것처럼 당신도 당신의 세상을 채워나갈 '시작예술가적^{stARTistic}' 능력을 발휘하길 바란다.

비하이브 선생님과 그 게시판이, 그리고 내 중년의 위기가 내게 해줬던 일은 다음과 같으며, 이 책이 당신에게도 똑같이 해줄 수 있길 바란다.

- ✓ 시작 근육 만들기
- ✓ 마무리에 대한 생각 바꾸기
- ✓ 당신만이 시작할 수 있는 아이디어에 대한 영감 떠올리기
- ✓ 드넓은 세상에 자신을 더욱 다채롭게 압정으로 꽂아 남겨두기

✳ 원한다면 여기서 시작해보자

이 책이 현재의 당신을 만나서 당신을 더욱더 성장시키고 더욱더 나아가게 할 수 있길 바란다! 또는 내가 당신이 지금 잘하고 있다는 사실을 깨닫게 하는 동안 긴장을 풀고 이 책을 잘 읽길 바란다. 당신의 자화상은 매력적이며, 당신은 당장 목요일까지 기술업계의 거물이나 인스타그램 인플루언서가 되지 않아도 된다.

그래서 나는 운동과 같은 몇 가지 연습 활동을 만들었다. 이는 실용적인 활동으로, 생각을 바꾸는 데 필요한 근육을 움직이는 운동이다. 훈련 그 이상의 준비가 된 야심가를 위해 '만약에 이렇게 해보면 어떨까?' 하고 생각해보는 단계에서 작업 진행 단계까지 빠르게 움직일 수 있도록 도와줄 것이다. 당장 챕터 8까지든 화요일까지든 아주 빠르게 움직일 수 있도록 말이다.

접근 방식을 선택해라. 연습 활동을 포함해 책 전체를 읽은 다음에 연습 활동을 하러 다시 돌아와도 된다. 또는 책을 읽어가며 연습 활동을 해볼 수도 있다. 아이디어를 선택하고 직접 시작예술가적 사례연구를 해보면서 말이다. (그럼 내가 일어서서 고개를 끄덕이며 존경하는 마음으로 천천히 박수를 보내는 모습을 상상해볼 수 있겠다.)

나는 당신에게 시험도, 성적도, 창피도 주지 않을 것이다. 그저 당신이 상상이라는 널따란 공간을 돌아다니며 영감을 주는 일을 시작할 수 있도록 제시할 뿐이다.

시작 일기장 만들기

5~20분

1. 공책을 준비하자

대단한 공책일 필요 없다. 생일 선물로 받은 예술가가 쓸 법한 일기장보다는 학교에서 나눠줄 법한 스프링노트가 낫다. 또는 종이를 추가하고 뺄 수 있도록 3개의 고리가 달려 묶을 수 있는 노트를 선호한다면 이것도 좋다.

2. 창의력을 발휘하자

쓰고 싶을 만한 일기장으로 디자인해라. 표지에 좋아하는 그림이나 문구를 넣어라. 그리고 그 위에 라벤더 향을 뿌려라.

3. 정리해보자

일기장으로 무언가를 깨달을 수 있길 바랄 것이다. 용도에 맞게 일기장 안의 공간을 구분하거나 미리 어떻게 구성할지 정해라. 문구점에서 산 견출지를 사용하면 아주 유용할 것이다.

다음과 같이 쪽이나 구획을 나눠라.

- 아이디어
- 연습
- 시작한 일
- 끝낸 일
- 일시 중지하거나 미완성인 채로 두는 것과 그 이유
- 처음 시작과는 다르게 바뀐 것(이런 것들은 기록해둬야 할 아주 훌륭한 사항들이다.)
- 큰 시작(큰 아이디어를 시작할 때 각 아이디어를 위한 공간을 20쪽 이상 남겨두거나 각 프로젝트당 하나의 공책을 준비하자.)

4. 진지하게 임하자

여기에 쓰는 글은 혼자만 보는 글이니 주저하지 말아라. 이 일기는 삶과 아이디어를 바꾼다. 이 일기는 우리의 생각과 최선의 결과를 향한 길을 밝혀주는 자신과의 사적인 대화다. 모든 것을 써라!

일기 쓰기는 특히 사색과 감정을 잘 담아낼 경우 매우 놀라운 건강상의 이점을 가져다준다. 연구에 따르면, 규칙적인 일기 쓰기는 기분을 좋게 하고 자신감과 기억력을 향상시키며, 심지어는 면역 세포와 폐 건강, 간 기능을 강화한다고 한다(일기 쓰기를 처음 시작한 사람들에 한해서만 그렇다).
앞으로 이 책에서 나올 연습 활동을 위해 시작 일기장을 사용해라. 하지만 거기서 멈추는 게 아니라, 이 시작 일기장을 원하는 대로 어떤 것으로든 좋으니 훌륭한 시금석 또는 책임감 코치 등으로 삼도록 해라.

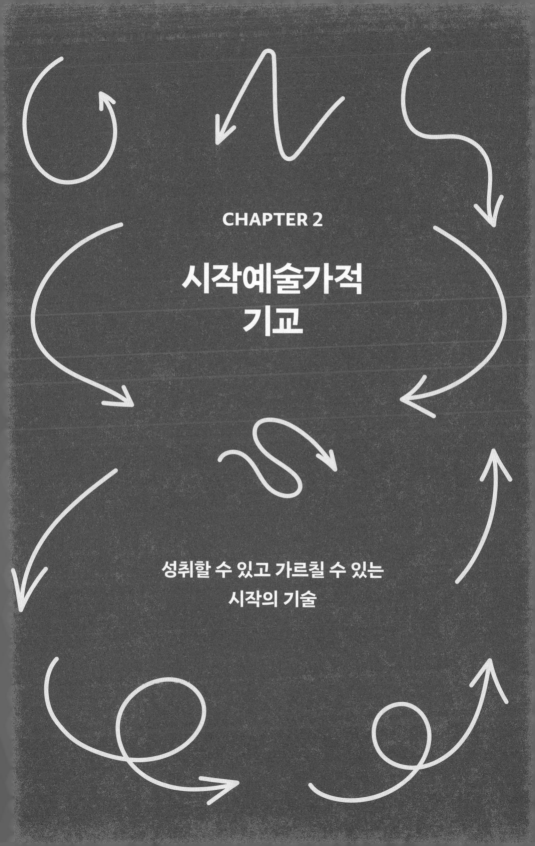

CHAPTER 2

시작예술가적
기교

성취할 수 있고 가르칠 수 있는
시작의 기술

시작은 어려울 수 있다. 정말이다. 우리는 새로운 시작에 대한 두려움 때문에 싫어하는 일이나 잘 맞지 않는 관계를 이어나가고, 수납 공간이 부족한 집에 계속 머문다.

그렇게 쓰레기통은 작곡된 적 없는 노래, 지어진 적 없는 건물, 쓰인 적 없는 책, 시작된 적 없는 사업으로 가득 차게 된다. 이것이야말로 우리가 정말 세계 평화, 알아서 빳빳하게 다림질되는 블라우스와 같은 멋진 것들을 가질 수 없는 이유다.

우리 대부분은 새로운 일을 시작하려면 큰 에너지와 결심이 필요하다고 생각하는 것 같다. **평범한 용기 그 이상이 필요하다고 생각한다.** 이미 바쁘게 사는 와중에 새로운 일을 시작하는 것은 위험해 보이기 때문이다. 새로 시작한 일이 잘 안되는 것을 상상해보기만 해도 무력감을 느낄 수 있다. 우리가 가진 자원을 낭비할까 봐, 남들이 보기엔 완벽한데 실은 그렇지 않은 진짜 모습이 드러나게 될까 봐 걱정한다.

하지만 우리가 모두 그런 건 아니다. 어떤 사람들에게는 시작이 전혀 어렵지 않은 일이다. 이런 이들에게 시작은 오히려 즐겁고 활력이 넘치며 완전히 중독적인 일이다. 이런 사람들은 매일 새로운 일을 시작하며 이를 짜증 나도록 쉽게 해낸다.

나는 이런 사람들을 시작예술가^{stARTist}라고 부른다.

✓ **stART·ist**[st'ärdəst/명사] 시작예술가

  시작, 재시작, 재발명, 재개하기 위해 창의적인 진취성을 행사하는 사람

✓ **stAR·Tis·tic**[stär'tistik/형용사] 시작예술가적

  창의적으로 어떤 일을 시작하는 것과 관련된 무엇 또는 그러한 특징

✓ **stART·ist·ry**['stärdəstrē/명사] 시작예술가적 기교

  신속하고 창의적으로 시작할 수 있는 기술 또는 능력

시작예술가는 창의성과 진취성이라는 두 가지 역동적인 특성을 융합해 구현해낸다. 이 두 가지는 항상 짝을 이루는 것처럼 보일지 모르겠지만, 우리는 모두 이 두 가지가 단독으로 발휘되는 경우를 봤다. 어떤 이들은 열정적이고 진취적으로 행동하지만 교과서적으로만, 테두리 안에서만 그렇게 한다. 또는 어떤 창의적인 사람들은 아이디어가 넘쳐나지만 결코 현실로 실현해내지 못한다.

지금 당장 시작하는 기술

하지만 시작예술가에게 이 두 가지 행위는 단일 동작이다. 시작예술가는 창조하고, 이를 위해 진취적으로 행동한다. 시작예술가는 진취적으로 행동하고, 이를 창의적으로 해낸다.

내게 창의적인 진취성은 계속해서 예술을 행하는 것이다. 개방적이고, 표현력이 풍부하며, 아름다움을 추구하고, 진취적이며, 독창적인 특성으로 나만의 작품을 만들어내는 것이다. (그래서 stARTist에서 'ART'를 대문자로 쓰고 싶은 마음이 크다. 무언가를 시작하는 데 있어 예술성ART을 담아내야 한다는 점을 상기시키고자 대문자로 표현한다.)

그런 이유로 새로운 어휘가 필요했다. 누군가를 '시작인Starter'이라고 부를 때, 이는 그 사람이 일을 끝내지 못했음을 암시하는 것 같다. 반면에 누군가를 '시작예술가'라고 부를 때는 시작이 예술의 한 형태라고 말하는 것 같다. 그래서 나는 이 두 번째 말이 좋다!

창의적이며 진취적인 행동가로서 시작예술가는 능동적이며 다음을 능숙히 해낸다.

✓ 아이디어를 시도하기 위해 위험 감수하기

✓ 독립적으로 일하기

✓ 대안 탐색하기

✓ 문제 해결하기

✓ 상황에 적응하기

✓ 연결하고 결합하기

✓ 아이디어를 분명히 나타내기

✓ 제약에 구애받지 않고 창의적으로, 수평적으로 사고[1]하기

이런 능력 중 일부는 타고나야 하는 성격 특성이기도 하다. 하지만 행동심리학자들은 이런 특성이 결코 고정되거나 정해진 것이 아니라고 확신한다. 서로를 보조하며 함께 나아가는 이 강점들을 아우르고 받아들일 때 시작예술가는 눈부신 잠재력을 품게 된다.

잠재력을 실현해낸 시작예술가의 특징은 다음과 같다.

✓ **시작예술가는 주저하지 않고 즉각 새로운 창조 활동을 시작하는 것 같다.** 아이디어를 얻고 몇 초 만에 실행 가능성을 평가하며 실현한다.

✓ **시작예술가는 시작 근육이 탄탄하고 마무리에 관한 사고방식이 건전하다.** 자신의 아이디어가 가치 있다는 것을 알기에 그것을 행동으로 옮긴다. 또한 아이디어가 없다면 다른 이의 그것을 이용해 문제를 해결하고, 공백을 채우며, 아름다움을 창조한다.

✓ **시작예술가는 장애물도 계획의 일부로 여긴다.** 그들은 창의적인 과정과 열린 마음으로 시작에 다가가며 두려움을 생산적인 자극으로 바꾼다.

✓ **시작예술가는 호기심 어린 자신감으로 아이디어에 불을 붙인다.** 그들은 일단 시작하면 어떤 일이든 일어날 수 있다는 것을 알고 있다.

---

1 수평적 사고란, 이미 확립된 방식에 따라 논리적으로 접근하는 것이 아니라 통찰력이나 창의성을 발휘해 기발한 해결책을 찾는 사고 방법을 뜻한다. ─옮긴이

야생의 시작예술가

↳ 　그렇다면 내가 시작예술가라고 부르는 이 사람들은 누구일까? 혹시 이런 사람들을 당신은 알고 있는가? 이들은 아침으로 무엇을 먹을까?

　우선, 그들은 당신도 예상할 수 있다시피 대부분 예술가, 기업가, 작가, 발명가, 건축가다. 이들은 백지, 빈 캔버스, 사업계획서로 거침없이 걸어나가며 삶을 꾸리는 사람들이다. 또한 창조적인 일을 하는 사람들이다.

　새로운 프로젝트를 시작해야 하는 모든 분야에서 시작예술가적 기술이 필요하다. 교사, 요리사, 엔지니어, 이벤트 기획자, 마케터, 지역사회 유지인사, 조경사, 패션 디자이너, 실내 장식가, 웹 개발자는 모두 시작예술가다.

　튼튼한 시작예술가적 근육은 이러한 직업에 항상 플러스 요인이며, 종종 필수 요인이 되기도 한다. 이러한 분야에서 시작예술가적 기질을 가장 잘 발휘하는 사람이 가장 성공적이다. 그런 사람들은 크게 생각하고, 새로운 일을 시도하며, 최신 동향을 놓치지 않고, 호기심에 가득 차 있다.

　그러면 창의성이 필수가 아닌 선택으로 보이는 직업은 어떨까? 작업에 큰 변화가 없고 꼼꼼함이 요구되며 정답을 구하고 계획을 따르는 기본적이고 실용적인 일이라면? 이리한 일을 하는 사람 중에서도 시작예술가를 찾아볼 수 있을까? 회계사, 행정가, 변호사, 전기

기사, 농부는 어떨까? 영업 사원, 관리인, 계산원은 또 어떨까?

낭언히 이런 직업군에도 시작예술가가 있다. 왜 없겠는가? 창의성과 진취성은 생산성과 문제 해결의 핵심이다. 창의성은 대화에서 일정 조율에 이르기까지 우리가 당연하게 여기는 중요한 활동에도 빠짐없이 나타난다. 또한 대부분 모든 분야에서 출세하고 싶다면 진취성이 꼭 필요하다.

사실 어떤 직업은 백지를 마주하거나 자기 생각을 행동으로 옮길 필요가 없긴 하지만, 직업이란 우리 삶의 작은 일부일 뿐이다. 당신이 시를 쓰는 회계사, 액세서리를 제작하는 변호사, 음악을 하는 공장 노동자라면 사람들이 당신의 '다른' 삶에 놀라워하는 모습을 본 적 있을 것이다. 이것이야말로 우리가 직업 정체성과 교육 정도를 바탕으로 타인을 얼마나 판에 박힌 시각으로 바라보는지를 잘 보여준다.

창의적인 진취성을 위한 학위나 커리큘럼은 없다. 이것은 야생에서 배운다. 그러니까 가드레일이 없어야만 창의적인 진취성이 촉진된다. 우리가 스스로 문제를 해결해야 할 때, 우리가 저지른 실수와 오산이 창의성의 초석이라 할 수 있는 융통성과 문제 해결 능력을 길러낸다. 또한 진취성은 누군가가 시작과 끝을 안내해줘서 길러지는 게 아니라 오히려 그 반대다. 일을 해내기 위한 통제력과 능력을 행사함으로써 길러진다. 대개는 그 일을 해줄 다른 사람이 없기 때문이다. 그렇다고 해서 어릴 때 아무런 돌봄을 받지 않으면 더 나은 시작예술가가 된다는 것을 의미하지는 않는다. 그렇지만 자신만

지금 당장 시작하는 기술

의 재미를 찾는 자유로운 어린 시절을 보내는 것이, 유치원 입학 준비 시기부터 시작되는 대입 준비나 과도한 일정에 시달리는 여름방학보다 시작예술가가 되기 위한 더 나은 훈련이라는 뜻이다.

당신은 시작예술가인가?

1. 당신은 끝낼 수 있는 것보다 더 많은 일을 시작하는가?

2. 이전에 시작한 프로젝트를 끝내기도 전에 새로운 걸 시작한 적이 있는가?

3. 프로젝트 마감일이 다가오는데도 집 앞마당을 파헤쳐놓는 다람쥐를 쫓기 위해서 수력 공기총을 만들고자 모든 것을 포기할 때, 정신이 100% 건강하다고 느끼는가?

4. 사업을 시작했거나 사업 내에서 새로운 상품, 서비스, 부서를 시작한 적이 있는가?

5. 동아리, 강좌, 정치 운동, 또는 스포츠팀을 시작한 적이 있는가?

6. 당신은 화가, 조각가, 건축가, 요리사, 작가, 영화제작자, 또는 발명가인가?

7. 파티를 연 적이 있는가?

8. 예술 강좌를 들은 적이 있는가?

9. 창의적인 취미가 있는가?

10. 당신이 끝낼 수 있는 것보다 더 많이 시작하라고 말하는 책을 구입한 적이 있는가?

이건 장난 섞인 퀴즈이고, 물론 당신은 시작예술가다. 그러나 2개 이상의 질문에 "예"라고 답했다면, 당신은 그 이상이다. 당신은 호기심이 많고 자기의식적인 시작예술가로 이미 43쪽의 질문들에 담긴 특성들을 지녔다.

아, 아직 자신이 시작예술가라고 느끼지 못할 수도 있다. 또는 더 나쁘게, 시작예술가가 되는 것이 엄청난 힘이 아니라 저주라고 여기는지도 모르겠다. 그렇다면 당신은 지금 올바른 곳에 서 있다.

유치원생과 과학자의 의견 일치

미술용품이 가득하고 유치원생들로 꽉 찬 방에서 "예술가인 사람?"이라고 묻는다. 그럼 모든 아이가 한 손을 번쩍 들고, 다른 한 손으로는 붓을 잡으려고 한다. 우르르 난리가 나기도 한다.

우리 성인들이 자기 자신을 시작예술가라고 선언할 때 이렇게 열렬히 확신할 수 있으면 좋겠다. 아쉽게도 많은 사람은 유치원생과 성인기를 지나며 한 가지 중요한 사실을 잊는다. 바로 우리가 무언가를 창작하는 일에 "예"라고 대답하며 받아들이는 게 곧 인간의 근본적인 행복의 원천에 "예" 하고 다가가는 것과 같다는 점을 말이다.

그래서 나는 당신에게 상기시켜주고자 한다. 나는 뇌 과학과 창의성에 관한 진정한 괴짜로서 전문가들이 유치원생들의 반응에 적극적으로 동의할 거라고 호언장담할 수 있다. 시작은 우리를 행복하

<u>게 한다. 하지만 그건 시작에 불과하다.</u>

지난 30년간 임상심리학자, 신경과학자, 신경심리학자, 행동치료사 등이 창의성의 이점을 연구해왔고, 계속해서 그 증거가 쌓이고 있다. 우리가 새로운 것을 시작할 때 뇌에서 일어나는 현상은 그야말로 우리 삶에 활기를 가져다준다.

새로운 경험, 새로운 정보, 새로운 노력 등으로 우리 뇌는 특별한 힘을 가진 곳에 전원을 공급하고 엔도르핀, 도파민, 세로토닌 같은 기분을 좋게 만드는 모든 화학물질을 방출한다. 그 이점은 결코 단기적이지 않다. 일부 행동과학자들은 만족과 '성공'의 길에 이르고 싶다면 일상에서 창의력을 실현하라고 권한다. 창조 행위는 우리를 더 건강하고, 더 행복하고, 더 희망차고, 심지어 더 똑똑하게 한다.

새로운 일을 시작하면 뇌는 살짝 놀란다. 또한 우리의 감각이 기지개를 켠다. 너무 오래 잠들어 있던 감각 송신기가 나른하게 잠에 취한 상태에서 일상으로 깨어난다. 신경과학은 이에 대한 명백한 증거를 영상으로 가지고 있다.

시작 과정에서 무의식적으로 일어나는 현상은 심지어 더 흥미롭다. 창의성이 최고조에 달할 때 시계를 보지 않고, 자기 점검도 일어나지 않으며, 비판적 사고도 중단된다. 평소 쉽게 떠오르는 다른 부정적인 감정들도 우리의 비범한 모습에 겁에 질려 달아난다.

그렇다. 과학은 우리가 삶을 창의적으로 살아나간다면 자신만의 행복을 가꿀 수 있다는 것을 증명했다. 그렇다고 창의적으로 산다고 해서 유명해지거나 예술 활동을 해서 돈을 벌었다고 추가 점수를 주지는 않는다. 창의적인 삶의 이점은 프로젝트의 규모나 프로젝트를 제시간에 완료하는지와 관계없다.

여기서부터 주목할 필요가 있다. 지금까지 살펴본 창의성과 행복의 과학에 시작예술가가 보여주는 시작과 마무리에 관한 관점과 태도를 연결해 생각해보면 무릎을 탁 치게 될 것이다. 행복은 우리가 시작한 일들을 끝내는 데서 오는 게 아니다. 그보다 시작예술가적 행복은 1) 모든 시작을 축하하고, 2) 모든 형태의 마무리를 수용하며, 3) 최고의 작업을 해낼 수 있게 해주는 창의적인 과정을 신뢰할 때 찾아온다.

창의성과 행복에 관한 신경과학을 알아보고 싶다면 291쪽의 참고 문헌에서 내가 가장 좋아하는 출처를 확인해보라.

시작을 축하하기

1. 일기장의 한 면에 '일생 동안의 시작'이라는 제목을 붙이자
시작했던 일을 나열해라. 시작이 기억나는 일들 말이다. 끝냈든 못 끝냈든 상관없다. 지금으로서는 5~10개만 나열해라. 나중에 메모나 그림을 추가할 수 있도록 각 항목 사이에 공간을 약간 남겨둬라.

2. 긍정적이고 명랑한 어조로 각 항목에 관해 빨리 써 내려가보자
왜 시작했는가? 그 일이 왜 좋았는가? 무엇을 배웠는가? 그 일을 시작하지 않았다면 무엇을 놓쳤을 것 같은가? 그 시작이 더 나은 무언가로 이어졌는가? 잠시라도 그 일로 더 행복하고 나아졌는가? 진취성과 창의성이 당신을 어떻게 더 풍요롭게 하고, 어떻게 정의했는지 말해보라.

3. 끝내지 못한 일을 탐색해보자
왜 못 끝냈는지 기억하는가? 후회에 사무치지 말고 후회가 생기면 적어두자. 끝내지 못했다는 게 유일한 후회인가? 아마 그저 시작함으로써 필요한 모든 것을 얻게 되었을 것이다. 끝낼 수만 있다면 끝낼 것인가?

4. 더 많은 것을 위한 공간을 남겨두자
다음 다섯 쪽에 '내 인생의 시작들'이라는 제목을 붙여라. 과거에 시작했던 더 많은 일이나 미래에 시작할 더 많은 일이 생각날 때마다 이곳에 나열해라. 어떤 것이라도 좋으니 시작함으로써 생기는 영감을 끌어내는 데 시간을 들이자.

5. (시작을 축하하는 심화 과정) 시작을 활용해 예술을 행하라
시작한 아이디어를 보물처럼 포장하고, 한곳에 모으고, 전시해보라.

시각적 작업을 위해 일부를 저장해두거나 사진을 찍어놓으면 언젠가 슬라이드쇼나 사진 콜라주의 일부가 될 수 있다. 사업, 기사, 코미디 공연과 같이 컴퓨터 문서로 존재하는 시각적이지 않은 시작에도 창의력을 발휘해보자! 멋진 용지에 한 구절을 인쇄하고 두루마리에 말아넣고 가죽끈으로 묶어두자. 밈, 콜라주, 자신만의 스크랩북으로 만들어보자. 녹화하거나 GIF 또는 매시업[2]으로 만들 수도 있다.

시작한 여러 가지 아이디어를 기뻐하고 그것들로 일기장을 채워라. 그러면 그것들이 언젠가 마무리에 영감을 줄 때가 올지도 모른다.

---

2 본래는 서로 다른 곡을 조합해 새로운 곡을 만드는 것을 의미하는 음악 용어. 여러 가지 자료에서 요소들을 따와 새로운 노래, 비디오, 컴퓨터 파일 등으로 만든 것을 의미하기도 한다. —옮긴이

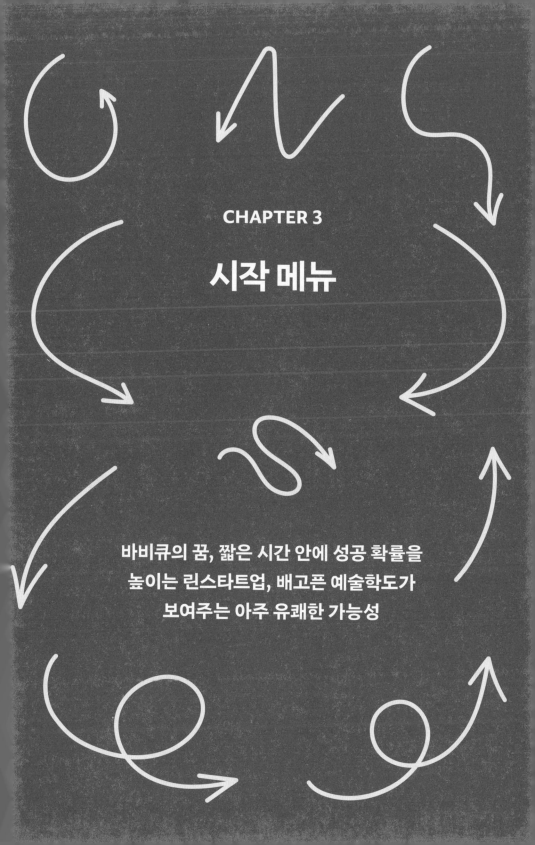

CHAPTER 3

시작 메뉴

바비큐의 꿈, 짧은 시간 안에 성공 확률을
높이는 린스타트업, 배고픈 예술학도가
보여주는 아주 유쾌한 가능성

시작한 일과 끝낸 일을 세보니 창의적이었던 내 과거의 기억이 되살아났다. 먼지투성이의 납작한 상자 속 내용물, 과거의 작업 과정, 젊은 시절의 열망이 어떻게 되었는지에 대한 내 호기심이 채워졌다. 이렇게 얻게 된 명쾌함은 새로운 호기심을 불러일으켰다. 다른 이들이 마무리 짓지 못한 일에 대해 알아보고 싶다는 이상한 탐구심에 이르렀다.

레오나르도 다빈치와 파블로 피카소는 많은 걸작을 남겼지만 수많은 미완성작도 남겼으며, 소설『작은 아씨들』의 작가 루이자 메이 올컷은 17살에 쓴 초기작 중 하나의 작품을 미완성으로 남겨두고 다시는 그것을 쓰고자 하지 않았다. 그리고 알베르트 아인슈타인은 죽음을 맞이하면서까지 통일장이론을 연구했으나 끝은 못 봤다.

하지만 나는 오늘날 살아 있는 사람들이 어떤지 궁금했다. 인생의 편집실에서 어떤 부분을 잘라냈으며, 이에 대해서 어떤 기분을 느낄까? 부끄러워할까? 미완성 작품을 떠올리면 실패했다고 느낄까? 이력서에는 완성한 프로젝트를 나열하고, 그렇지 않은 작업은 숨기고 있을까? 삶의 장애물에 가로막히다 보면 시작예술가적 면모를 잃게 되는 걸까? 다양한 배경과 관심사 그리고 여러 연령대의 200명이 넘는 사람에게 시작과 마무리에 대해 어떻게 생각하는지 물었다. 이것으로 알게 된 사실은 흥미로웠지만 놀랍지는 않았다.

1. **사람들은 대부분 시작한 모든 일을 끝내지 않는다.** 그리고 종종 이를 언짢아한다.
2. **아주 많은 일을 시작하는 사람들은 일을 끝내지 않는 것을 나쁘게 생각하지 않는다.**
3. **거의 모든 사람에게는 시작하고 싶은 일이 있다.** 그러나 이를 마음속으로 구상하고 숙고할 뿐 시작하지는 않고 애처롭게 궁금해한다.

무엇을 시작하지 않는가?

다시는 볼 일이 없는 낯선 이가 당신이 창작하려는 것에 대해 물어보면 뭐라고 말하겠는가?

나의 이 '낯선 이'와의 대화는 몇 년 전 식당에서 만난 한 청년과

지금 당장 시작하는 기술

우연히 시작되었다. 우리는 각자 혼자 여행하고 있었고 벽 쪽에 있는 비좁은 자리에 앉아 있었다. 큰 도시의 식당에서 일행 없이 혼자일 때 흔히 안내받는 자리다. 그렇게 가까이 있으면서 그 남자는 내가 일기장에 그림을 끄적이는 모습을 봤다. "혹시 예술가세요?" 남자가 물었다. "네." 상냥한 어조로, 하지만 눈은 마주치지 않고 대답했다. 나는 그날 이미 충분히 '많은 사람에 둘러싸여' 시간을 보냈었다.

"저도 창의적인 사람이면 좋겠네요. 저는 은행원이거든요, 하하." 그가 말했다.

나는 미소로 답했다. 종업원이 내가 주문한 생선 타코를 가지고 와서 그 대화를 쉽게 끝낼 수 있었다. 조용히 점심 한 끼 먹고 싶다는 게 그렇게 힘든 일인가!

몇 분 후 그 남자가 주문한 소 양지머리 요리가 나왔고, 우리가 함께 식사하는 양 큰 소리로 말했다. "뉴욕은 바비큐를 먹기에 좋은 곳은 아니지만, 소고기가 정말 먹고 싶었어요."

글쎄, 난 이상한 사람은 아니지만 바비큐의 수도라 할 수 있는 캔자스시티 출신이기에 그와 수다를 떨었다. 알고 보니 톰은 오클라호마 출신이며, 그는 자신이 바비큐의 수도에서 살았다고 믿고 있었다. 그래서 우린 많은 이야기를 나눴다.

15살 연상인 나를 적절히 존중하면서 톰은 자신이 바비큐에 대해 한두 가지를 알고 있다고 말했다. 그는 자신만의 훈연기와 그릴을 만들었으며, 전에는 대학에서 현재는 삭은 마을에서 사람들에게 '진수성찬'을 벌여주는 것으로 알려져 있었다. 그의 특기는 돼지갈

비와 불에 그을린 고기 겉 부분에 자신만의 비법 소스를 듬뿍 바르는 것인데, 오클라호마주 털사시(市)의 요리 대회에서 극찬을 받은 바 있다고 했다.

"당신이 창의적이지 않다고 생각했어요." 내가 말했다.

"전 창의적이지 않아요. 그냥 친구들을 위해 요리하고 이것저것 만드는 걸 좋아할 뿐이죠. 저는 간단한 졸라맨 그림을 그릴 줄도 모르고 노래를 잘 부르지도 못해요." 그가 말했다.

나는 톰이 전에도 이런 말을 한 적이 있다는 것을 알 수 있었다. 이 모든 이야기는 이미 여러 번 리허설을 거친 이야기 패키지였다. 이에 대한 응답으로 톰은 창의력에 관해 여러 번 리허설을 한 나의 이야기 패키지를 받게 되었다. 즉 예술이나 연극뿐만이 아니라 우리는 모두 창조적인 존재이며, 생각을 행동으로 옮기는 것이 창조적인 삶의 본질이라는 이야기를 했다.

나는 그에게 그가 만든 그릴과 훈연기를 상기시켰다.

"아, 그건 창의적이지 않아요. 인터넷에서 설계도와 조립용품 세트를 구했거든요."

"그럼 톰이 연 파티는요? 직접 요리한 음식은요? 창의적인 거 아닌가요?" 내가 물었다.

그는 그렇게 보지 않았다. "많은 사람이 그렇게 해요. 제가 최초로 큰 바비큐 파티를 연 사람도 아닌데요."

"그럼 소스는 어떻고요?"

그의 얼굴에 큰 웃음꽃이 피어났다. "당신이 이겼네요. 내 소스

지금 당장 시작하는 기술

는 예술이죠."

그리고 정말 궁금한 마음에 그에게 아직 시작은 안 했지만 하고 싶은 일이 있냐고 물었다.

"네, 있어요. 바비큐 요리 대회를 시작하고 싶어요. 최고의 바비큐 심사위원들을 우리 마을에 오게 하는 거죠."

많은 대회가 있었지만 자신이 사는 카운티에서 열린 적은 없었다고 그는 설명했다. "제 대회는 다를 거예요. 몇 가지 아이디어가 있거든요." 그가 말했다.

그런 다음 그는 자기가 활동하는 팀, 심사 시스템, 원통형 훈연기의 장점에 대해 10분 동안 신나게 이야기했다. 내가 고개를 끄덕이며 앉아 있는 동안 톰은 자신의 요리 대회 아이디어가 시도해볼 가치가 있으며, 다른 바비큐의 달인이 자신의 아이디어를 염탐해 채가기 전에 본인이 먼저 시작하는 게 좋겠다고 깨달았다.

그가 요리 대회 행사를 시작했는지는 모르겠지만, 난 이렇게 말하고 싶다. 톰이 이 행사 이야기에 흥분한 것처럼, 이 일은 그의 '시작된 일' 목록 맨 위에 속한다.

이 이야기로 다음의 세 가지를 얻을 수 있다.

1. 많은 시작예술가는 자신이 창의적이라고 생각하지 않는다.
2. 많은 이가 하고 싶은 일을 미루고 있다.
3. 오클라호마에서 온 이 남자가 뭐라든 캔자스시티가 바비큐의 수도다.

세상엔 톰과 같은 사람이 아주 많은데, 사람들의 아이디어는 '시작되지 않은 일'로 가로막혀 있다. 다음은 내가 개인적으로 행한 사생활 침해와 수백 건의 인터뷰, 서베이몽키[1]를 통한 수천 건의 응답에 따른 상위 10개의 시작되지 않은 창작물이다.

1. 책

2. 직접 지은 집 또는 다른 건물

3. 예술 작품

4. 사업

5. 집 리모델링 프로젝트

6. 영상물, 영화, 또는 영화 대본

7. 발명

8. 그룹, 동아리, 또는 모임 행사

9. 선생님이 되어 가르칠 강의나 커리큘럼

10. 패션 창작물(옷, 보석)

당신은 어떤가? 낯선 이가 실은 당신은 창의적인 사람이라는 사실을 밝혀내면 당신은 뭐라고 말할 텐가? 행복을 주고, 마음을 치유하고, 세상을 더 나은 곳으로 만들고, 바비큐 소스가 잔뜩 발려 있지

---

1 미국의 설문조사 소프트웨어 기업. 온라인 설문조사를 설계하고 응답자에게 답변을 받아볼 수 있는 서비스를 제공한다. −옮긴이

지금 당장 시작하는 기술

만, 당신이 '언젠가 하겠지' 파일 속에만 담아둔 것은 무엇인가? 아니면 당신의, 당신에 의한, 당신을 위한 무언가를 만들고 싶다고 열망하기만 할 뿐인가? **당신은 시작을 추구하는 시작예술가인가?**

배가 고파도 메뉴를 보기 전까지는 무엇을 먹고 싶은지 모를 때가 있다. 무엇을 시작하면 좋겠는가? 대담한 창작을 시작할 수도 있고 새로운 변화를 시도해볼 수도 있다. 다음을 시작해볼 수 있겠다.

· 인스타그램 게시물 · 마을 우물 · 병 속에 담아 전시한 선박

· 배 농장 · 사랑의 편지 · 뮤지컬

· 친환경 아파트 짓기

· 인도적 구호 활동 · 라마 목장

· 스터디 그룹 · 레모네이드 가판대 · 장학금 신청

· 삼촌과 함께하는 재밌는 야외 식사 파티 · 함께하는 낙서 예술 활동

· 이것저것 섞어 만든 수프 요리법 · 풍선 아트 수업 · 자동차 정비소

· 코미디 촌극 · 동네 여행

· 논문 · 당나귀 구조 활동 · 안부를 묻는 편지 문구 · 얀밤[2] · 깃발 만들기

· 보석 브랜드 · 나무 농장 · 버튼 클럽[3] · 만찬 모임

· 장난감 · 조명쇼 · 로봇 경주 · 감사의 마음을 적은 색종이 사슬 만들기

· 유치원 · 호숫가의 집 · 예절 수업 · 이웃 방범대

---

2 Yarn bomb. 거리 예술의 일종으로, 뜨개질로 다양한 것을 떠서 거리를 꾸미는 행위. −옮긴이
3 Button Club. 영국과 유럽에서 시작된 소셜네트워크를 기반으로 한 사교 모임 및 파티. −옮긴이

- 채소밭 · 유적 발굴 · 드론 퍼레이드 · 기도 모임
- 패션 브랜드 · 카약 경주 · 프론트포치무브먼트[4]
- 커리큘럼 · 대화 모임
- 대상포진 치료법 · 빈둥지증후군[5] 이겨내기 그룹
- 레고 조립 · 장미 정원 · 가족
- 벽난로 개조 · 다큐멘터리 · 채식 버거 요리법
- 이달의 ＿＿＿ 모임 · 아파트 재활용 프로그램
- 신선한 음식을 구하기 어려운 지역 돕기 · 레이스 손수건
- 매력적인 신제품 · 책 표지 디자인 · 삼단논법
- 포도밭 · 법 · 시간 절약 과정 · 거리 벽화
- 어린이 합창단 · 14행의 짧은 시 · 사회 복귀를 위한 보호시설
- 양탄자 짜기 · 블로그
- 시 · 이웃 그룹 · 퇴비 협동조합
- 그림 그리기 · 조각 · 일기
- 파티 · 차 마시는 모임 · 더 안전한 번지 트램펄린 · 채식주의 호텔 체인점
- 새로운 언어 · 공동묘지 역사 여행
- 연쇄 포옹하기 · 밀대 수집 · 찜 요리 패스트푸드 프랜차이즈
- 철학 · 가족 성명서 · 싱크탱크

---

4 Front Porch Movement. 다양한 평범한 사람의 의견과 이야기를 담아내는 방송으로 여러 매체에서
   방영되고 있다. 시민 참여civic engagement를 중요 가치로 삼는다. —옮긴이
5 자녀가 독립해 집을 떠난 뒤 부모나 양육자가 경험하는 슬픔과 외로움, 상실감. —옮긴이

지금 당장 시작하는 기술

· 헬스클럽 · 오락실 · 야생동물 보호구역 · 승마 클럽

· 지하실 개조 · 학습사회[6] · 도시의 놀이터

· 말장난 대회 · 우산 수리점

· 골동품 자동차 전시회 · 외교술 강습

· 잠복 사진 촬영 · 조류 보호구역 · 만화책

· 목공소 · 예술가의 칩거 · 초상화

· 연쇄 반응 · 조찬 모임 · 네트워크 · 소비자 단체

· 제작자 모임 · 단편소설 · 동물 치료

· 타이어 휠캡 조각 · 용접 수업 · 도자기 수집

· 경마장 · 교회 · 중학생을 위한 캠핑

· 카페 · 잡지 · 편집국

· 사냥 블로그 · 향수

· 야외 산책길 승마 · 통나무집 · 문화 블로그

---

6 사회의 계속되는 변화와 발전에 적응하기 위해 모든 구성원이 한평생에 걸쳐 학습하는 사회를 뜻한다.
　 —편집자

꿈 목록 만들기

1. 시작하고 싶은 것들을 말해보자
일기장에 가장 먼저 떠오르는 아이디어를 적어라. 어떤 것이 흥미로워 보이는가? 대담한 아이디어가 흥미롭게 느껴지는가? 꼭 시작하고 싶은 인생의 목표와 같이 특정한 생각을 가지고 이 책을 샀다면 아주 좋다. 말해보자.

2. 더 열심히 생각해서 네 가지를 더 써보자
과거에 시간을 할애할 가치가 없다고 생각했던 일을 떠올려보면 무엇이 떠오르는가? 그중 어떤 게 쉬워 보이는가? 어떤 게 불가능해 보이는가? 어떤 아이디어가 현실로 이뤄졌으면 하는가? 이를 가장 친한 친구에게 말해준다면 어떤 일에 대해 말하겠는가?

3. 계속해나가자
필요한 모든 것을 갖췄다면 무엇부터 시작하겠는가? 몇 가지 쉬운 아이디어를 선택해라. 몇 가지 어려운 아이디어도 선택해라. 이 목록에는 끝이 없을 테니 너무 고민하지 말고 쉽게 생각해라. 계속해서 목록을 써나가라. 57~59쪽의 목록에서 아이디어를 선택하고 이 외에도 몇 개를 더 추가해라. 시간이 아주 많이 있다고 생각하고, 자신이 생각하는 '완료'라는 의미에 매여 있지 말자.

지금 당장 시작하는 기술

창의적인 변명

흥미로운 일을 시작하고 싶어 하는 사람들이 누구인지 아는가? 바로 예술학도다. 불타오르는 정신을 갖고 창창한 미래를 앞두고 대학에서 예술을 공부하기로 한 젊은이들이 현재 살아 있는 사람들 중 가장 시작예술가적인 이들이 아닐까 싶다. 이것이 바로 내가 예술학도들과 어울리길 좋아하는 이유다. 그들은 괴짜고 혁신적이다. 괜찮은 미술용품을 건질 수 있는 쓰레기통이 어디에 있는지 알려줄 만한 사람이 그들 말고 또 누가 있을까?

몇 년 동안 나는 캔자스시티예술대학교에서 삽화가 지망생들을 상대로 객원 강의를 했다. 졸업반 학생들이었기에 그때쯤 그 아이들은 무언가 깨달은 점이 있었다. 또한 그들은 교육으로 무엇을 얻었는지 알고 있었다. 학생들은 조각가나 직조공이 아니라 삽화가가 되기로 결심했는데, 부모님은 학생들에게 매주 전화를 걸어 일자리를 찾기 위해 무엇을 하고 있냐고 물었을 테다.

나는 학생들과 함께 취업 시장과 본격적으로 경력을 시작하기 위해 자신의 일에 완전히 집중하는 법에 관해 이야기를 나눴다. 그리고 마지막에 작은 설문조사를 했다. 몇 가지 혁신적인 질문으로 나는 학생들에게 행동으로 옮기고 싶은 아이디어가 있는지, 또 왜 그 아이디어를 시작하지 않는지 물었다.

그 결과는 예상과 다르게 놀라웠다. 내가 설문조사 한 예술학도들은 정말로 타고난 시작예술가로서 거의 모두가 영감을 받아 창작하고 싶은 아이디어가 있었지만, 그냥 그 일을 시작하지 않았다.

정확히 왜 그럴까? 그들은 정말이지 똑같이 답했다. 충분치가 않다고 답했다. 무엇이 충분하지 않다는 건가? 나는 학생들의 놀랍도록 횡설수설한 답변을 다듬고 추론을 더 해서 나열해봤다. 평생의 업으로써 창의성을 공부한 이 젊은이들, 이 시작예술가들은 무엇이 충분하지 않은지 다음과 같이 답했다.

1. 시간
2. 자원
3. 공간
4. 자신감
5. 기술
6. 명확성
7. 허가

학생들의 아이디어는 귀엽고 단순한 것부터 원대하고 명예로운 것까지 다양했다. 육교 위 벽화, 눈이 안 보이는 개가 주인공인 아동 도서, 문제 가정을 다룬 만화 형태의 소설이 있었다. 각 아이디어는 명확하고 구체적이었다. 하지만 학생들은 생각을 실행으로 옮기지 않았다. 자신들이 이 일을 끝까지 해낼 수 있을 거라는 믿음이 충분하지 않았기 때문이다.

또한 나는 수십 명의 작가, 기업가, 많은 친구를 파티에서 도망

지금 당장 시작하는 기술

치지 못하도록 높고 긴 테이블 쪽으로 바짝 몰아 붙들어놓고 이야기를 나눠봤다. 가장 자신감 넘치고 위험을 기꺼이 감수하려는 시작예술가들도 대체로 같은 대답을 한다. 그들은 **자신들이 어떤 일을 '충분히' 끝낼 수 있을지 확신이 서지 않아서 시작하지 않는다.**

이것은 결코 짧은 대화가 아니었음을 알아두길 바란다. 창의적인 사람들은 자신의 아이디어를 이야기하기 좋아한다. 머릿속에서 다음 획기적인 연작 예술 프로젝트가 어떻게 진행되고 있는지, 또는 3년 연속 지원해온 2개월 한정 전속 예술가로 발탁되면 이를 어떻게 제대로 해낼 것인지에 관해 이야기하기 좋아한다. 다만 그들은 자신이 더 큰 도시에 살았거나 고모할머니에게 식료품을 가져다드릴 필요가 없었다면 자신의 일정을 더욱 잘 관리할 수 있었을 거라고 변명할 것이다. 또는 강아지가 작품 초안을 먹어버려서 어땠는지를 이야기할 것이다.

즉 창의적인 사람들은 변명거리에 쫓길 때 창의력을 발휘한다. 창의적인 사람들이 반박할 수 없는 변명을 한다는 것을 알았을 때 나는 호기심이 솟구쳤다.

학생 설문조사에 질문을 추가했고 몇몇 학생들을 따로 부르기까지 해서 개인적으로 물었다. "그럼 당신은 _____을(를) 끝내기에는 충분하지 않다는 건가요? 그 일을 그냥 시작하기만 하는 건 충분하고요?"

마무리에 관해서는 잠시 잊고 어떻게 시직할지 생각해보라고 했다. "첫 단계는 어떤 모습일까요? 스케치하거나 측정하는 일로 시작하겠나요? 재료를 구하는 것으로 시작하겠나요? 아니면 팀 꾸리기 먼저? 아니면 경쟁력 조사로 시작할까요?"

"벽화를 그릴 마지막 페인트 1통이 남아 있는지, 건물에 페인트를 칠할 허가서가 있는지, 또는 바리스타로 일하러 가기 위해 페인트칠할 때 입은 옷을 보관할 곳이 있는지는 잠시 잊어버리고요. 시작하기에는 충분한가요?"

역시나 그들은 비슷한 대답을 했다. "모르겠어요. 아마도요." 대화를 더 하다 보면 그 "아마도요"가 항상 "예"로 변한다는 것을 알게 되었다.

그들에게는 많은 공통점이 있다. 자신이 창의적이라는 사실을 부인하지만, 친구들에게 바비큐 먹이는 것을 좋아하는 은행가와 창작을 일생의 업으로 삼기 위해 공부하는 사람들 말이다.

그들은 절대적으로 또 긍정적으로 자기 이야기의 일부로 만들어야 하는 아이디어를 깔고 앉아만 있다. 그들은 움직일 수 있는 아이디어를 가만히 두고만 있다. 그러는 동안 자신의 진취성과 창의성을 남이 내준 과제를 하는 데만 쓰고 있다.

당신도 이런 사람이라면, 이 각본을 뒤집어엎어 보자. 아이디어를 성공적으로 마무리하는 데 필요한 것들을 생각하는 대신, 아이디어를 시작하는 데 필요하며 이미 내가 가지고 있는 것들을 생각해보자.

창의적인 스타트업

필요한 모든 걸 갖췄다고 확신할 때까지 기다리면 아마도 너무 오래 기다리는 것이다. 기업가적인 시작예술가들이 이것을 가르쳐준다. 그들은 비전을 위한 전체 자금이 완전히 조달되기 전에 회사를 시작할 방법을 찾는다. 물론 돈이란 항상 사업에 필요한 연료지만 검증된 성공 이력 없이는 〈샤크탱크〉[7]에 나가 성공적일 수 없다.

이것이 바로 사업이 부업으로, 주말에 하는 아르바이트로, 차고에서 진행되는 프로젝트로 시작되는 이유다. 창의적인 기업가는 일이 어떻게 마무리될지 모르거나 자원을 어디서 구할지 모를 때도 시작할 시간과 공간을 찾는다.

내 첫 사업인 홍보 회사를 시작했을 때 남편과 나는 타협했다. 그래서 월급 없이 6개월을 버틸 수 있었다. 우리는 모아놓은 돈이 없어서 사용할 저축금도 없었는데, 신용카드를 쓰면서 허리띠를 졸라맸다.

내 회사인 블레이즈앤어소시에이츠Blades & Associates는 창업 비용을 창의적으로 구해야 했다. 그래서 내가 직전에 직원으로 일하던 회사 사무실을 빌리고, 그 대가로 내 회사의 서비스를 제공했으며, 빌

---

7 미국 ABC에서 2009년부터 방영 중인 사업 오디션 프로그램. 출연자들은 샤크라고 불리는 투자자들 앞에서 사업 개요를 프레젠테이션하고, 샤크들은 이를 심사해 투자할지 말지 결정한다. ―옮긴이

린 사무실의 사무용품을 다른 사람에게 다시 빌려줬다. 심지어 내가 신뢰히는 멘토들에게 소량의 주식을 판매해서 새 회사의 소유권을 공유하기도 했다. 그렇게 위험성이 거의 없는 사업 환경을 만들었다. 화려한 로비와 여러 직원이 있는 꿈의 회사를 시작하기에는 충분하지 않았지만 사업을 시작하기에는 충분했다.

첫 번째 수입은 내가 다니던 전 회사에서 일이 너무 많아지자 그 일을 넘겨받아 대신 처리함으로써 얻게 되었다. 이는 월세를 내는 대신 서비스를 제공하겠다는 거래를 성사시킨 덕분이었다. 두 번째 고객은 빠르게 찾아왔는데 캔자스주의 작은 도시 포트스콧이 고객이었다. 포트스콧 상공회의소는 포트스콧시市와 함께 그곳을 유명하게 만든 유서 깊은 군사적 요새에 관광객을 유치하고 싶어 했다. 그들은 이를 위해 한 달에 1,500달러를 지출했는데, 내가 진행한 일을 통틀어 가장 적은 예산이었다. 그들은 신생 기업을 찾는 고객의 정석이었고, 우리 회사가 열성적이고 매력적이며 큰 회사보다 더 열심히 일할 거라고 생각했다. 우리는 정말 그랬고 그렇게 했다. 세 번째 고객은 대형 법률사무소였고, 네 번째 고객은 소규모 항공기 제조업체였다. 그렇게 우리는 자리를 잡아갔다.

한 고객이 다른 고객으로 이어지며 회사는 성장했다. 돌아보니 사업 첫해에 월급을 받지 못한 달은 단 한 달도 없었다. 몇 년 안에 나는 투자자들의 지분을 매수했고, 전국적인 점포망을 두고 있는 업체들을 고객 명부에 올리고, 세 번째 사무실 확장에 들어갔다. 정규직 직원 25명과 계약직 직원 12명을 고용했다. 아직 작은 회사지만

지금 당장 시작하는 기술

내가 하고자 했던 사업보다 더 큰 사업이었다. 이 사업을 시작할 때 월 총경비가 여섯 자리에 달한다는 걸 알았다면, 나는 두려웠을 것이다. 아마 시작하지도 않았을 것이다. 위험을 감수할 수 없었을 것이다. 짐작하건대 이는 수지 오먼,[8] 데이브 램지[9] 같은 백만장자 재정관리 전문가들이 말하는 신용거래 공식을 위반하는 것이리라. 그리고 남편은 모든 재산을 팔아댔을 것이다. 월 지출이 주택담보대출금보다 많을 때 집을 담보로 사업자금대출을 받는 것은 그답지 않다. 하지만 그런 일은 일어나지 않았다.

돌이켜보면 30살의 나는 내 회사를 결국 이렇게 성장시켰지만, 그렇게 큰 회사를 시작할 만큼 충분한 자신감과 돈, 비법도 없었다는 걸 깨달았다. 아주 큰 고객들을 확보하게 되었지만, 그 당시에는 이를 확보하기 위한 실적이 없었다. 궁극적으로 표창을 받은 회사가 되었지만, 당시 회사를 그렇게 훌륭히 성장시킬 최우수 인력을 끌어들일 만한 충분한 기회를 직원들에게 제공하지 못했다. 하지만 시작하기에는 충분했다. 그리고 몇 년 만에 우리 팀은 더 큰 고객과 함께 혁신하고 회사를 성장시킬 재능 있는 파트너를 유치하는 데 필요한 모든 것을 갖추게 되었다.

모든 비즈니스는 고유한 모델이 있지만, 내 비즈니스모델은 그렇게 혁신적이지 않았다. 단순히 서비스에 대한 요금을 지불받는 대

---

8 Suze Orman. 미국의 작가이자 재무설계사, 방송인. −옮긴이
9 Dave Ramsey. 미국의 작가이자 개인 재정관리 전문가, 방송인. −옮긴이

행사였다. 하지만 이 사업을 시작한 방식은 혁신적이고 흥미로웠다. 우리 팀은 저렴한 비용으로 작업을 수행할 수 있는 방법을 찾기 좋아했다. 중고 사무용 가구 판매장에서 쇼핑하기, 학교를 갓 졸업한 인재를 교육하기, 게릴라마케팅 및 창의적인 일정으로 일을 즉흥적으로 진행하기 등이 그것이다. **가능한 일부터 빨리 시작하고, 회사를 점점 더 효율적으로 운영했으며, 논쟁을 즐기는 문화를 조성했다.**

수천 개의 성공적인 회사가 현금준비금도, 직원도, 장비도, 사무실도 없이 시작되었다. 이와 대조적으로 수천 개의 회사가 자금과 인력이 풍부하고 막대한 연구개발비가 있음에도 파업한다.

시작하기에 충분하다

↘ 아이디어를 실현하는 데 필요한 걸 생각할 때 우리의 생각은 제한적인 것에 갇힐 수 있다. 무언가를 해내는 가장 확실한 방법은 거꾸로 작업하는 것이라고 배웠다. 끝을 염두에 두고 시작하라고, 또 계획을 세우고 처음부터 필요한 것을 모두 갖추고 시작하라고 배웠다.

그러나 예술과 사업은 이케아의 옷장이 아니다. 어떤 부분과 어떤 부품이 필요할지, 또 모든 재료를 다 사용했을 때 무엇을 얻게 될지 확신할 수 없다.

우리는 오직 첫 단계에서 필요한 것만을 알 수 있다. 간단히 말

지금 당장 시작하는 기술

해, 마무리에 대한 부담을 내려놓아야만 첫 단계를 제대로 파악할 수 있다.

당신은 시작하는 데 필요한 것을 충분히 가지고 있는가? 이 질문에 조금은 고심하게 될 것이다. 자신감이 있는지, 시간이 있는지, 엉망이 되어도 괜찮은 지하실이 있는지는 잠시 잊어버려라. 그냥 "예"라고 말해보라. 시작예술가적 마음을 지니고 있다면 돈, 시간, 도움, 실제로 필요한 공간이 여의치 않음을 깨달아도 어디서든 시작할 수 있다.

만들고 싶거나 하고 싶은 아이디어 하나를 생각해보라. 그 일을 시작하는 데 필요한 것들을 충분히 갖추고 있는가? 나는 그렇다고 분명히 확신한다.

책을 쓸 시간이 없다고 주장하는 작가에게는 "하루에 15분, 자신을 주저하게 만드는 것에 대해 일기를 쓸 시간이 있나요? 아이디어나 캐릭터에 대해 가볍게 생각해보면 어떨까요?"

연합을 맺기 위한 연줄이 없는 사회활동가에게는 "다른 이에게 전화해줄 만한 한 사람을 알고 있나요?"

벽화 그리기를 시작하지 않은 파산한 미술학도에게는 "벽, 고객, 페인트값을 마련하기 전에 벽화 스케치와 채색을 시작할 수 있나요?"

그렇다. 물론 그렇게 할 수 있다. 필요한 모든 자원이 마련되어 있다 하더라도 시작하는 방식은 거의 똑같을 것이다.

여기서 끝인가?

지금쯤이면 어떤 독자는 새로운 음식점이나 한껏 개조된 드론에 관한 아이디어를 시작하고 싶은 마음이 굴뚝같을 것이다. 또 어떤 독자는 내가 쉽게 그만두는 사람들을 눈감아준다거나 한 세대의 투지를 꺾고 있다는 걱정에 마음이 몹시 불편할 수도 있다.

하지만 분명한 사실을 놓치지 않길 바란다. 나는 나와 당신의 아이디어가 놀랍고 상상 이상으로 크고 완벽한 창작물을 만들어내길 진심으로 원한다. 의심의 여지가 없이 일을 마무리 짓는 것이 최종이다. 끝내는 것은 훌륭한 일이다. 그리고 마무리는 항상 시작 메뉴에 담겨 있다.

다음에 대해서도 동의하길 바란다.

- ✓ **끝내지 않는 것은 선택이다.** 받아들일 수 있는 선택이며, 시작한 후에만 내릴 수 있는 선택이다.
- ✓ **끝내지 않는 것은 실패가 아니다.**
- ✓ **실제로 일을 끝내면 처음 계획했던 것과 일치하지 않는 경우가 많다.**
- ✓ **실패라는 유령은 결승선에 출몰한다.** 마무리를 구체적으로 계획하고 이에 집중하는 것은, 상실감과 실망이라는 망령이 위세를 떨치게 하고 우리에게서 창의적인 용기를 빼앗는다. 사실 완료에 대한 두려움은 대체로 실패에 대한 두려움에서 온다.

"그냥 시작했어!" 이 말은 실패가 우리의 생각을 파고들기 전에 외치는 환희에 찬 구호다. "어떻게 될지 모르겠지만, 잘 해낼 거야"라는 뜻이다. 혁신과 기발한 아이디어가 생겨날 여지가 있음을 의미한다. 이는 "나를 내버려 둬, 나는 창의적인 과정을 믿어"라고 말하는 것이다.

자신이 충분하다는 것을 깨닫기

15~30분

1. 시작을 선언하자

아직 시작하지 않았지만 시작하거나, 만들거나, 하고 싶은 것을 위해 컴퓨터 파일이나 일기장의 한 면을 준비한다. 아주 큰일도 좋다.

2. 프로젝트의 이름을 정하자

생각나는 대로 빠르게 재밌는 이름을 정한다.

3. 필요한 모든 것을 나열해보자

프로젝트를 완료하기 위해서 어떤 자원이 필요한가? 구체적이지 않아도, 구체적이어도 좋으니 10분 안에 적도록 한다. 조사는 할 수 없다.

4. 지금 시작할 수 있는 세 가지 방법을 찾아보자

이미 가지고 있는 것들로 어떻게 해볼 수 있을까?

예) 스케치 연작, 협업 회의, 개요, 파트너 목록

5. 손이 잘 닿는 곳에 보관하자

이 일기장이나 파일을 빨리 찾을 수 있는 곳에 둬라. 산책하러 나갈 때도 챙겨 나가도록 해라.

위 5가지 과정을 다음과 같이 할 수 있다.

1) 나는 샤르도네 와인을 마시는 성공적인 용접공 그룹을 시작하고 싶다.

2) 이 그룹을 '용접된 와인꾼들'이라고 부를 것이다.

지금 당장 시작하는 기술

3) 필요한 것은 다음과 같다.

- 파트너(혼자 하기에는 내가 너무 바쁘며, 화이트 와인을 마신다고 고백할 용접공을 딱 2명 알고 있다.)
- 용접공과 그들의 연락처
- 만날 장소
- 성명서(중요하진 않지만 재밌을 테니 해보자.)

4) 오늘 바로 다음을 시작할 수 있다.

- 용접공을 찾을 수 있는 장소 나열해보기
- 2006년에 들었던 용접 수업에서 사귄 친구에게 전화해 나와 파트너가 되어 활동하고 싶은지 물어보기

5) 나는 이 문서를 내 일기장에 보관하고, 사진을 찍어놓고, '용접된 와인꾼들'이라는 이름의 컴퓨터 폴더를 만들었다.

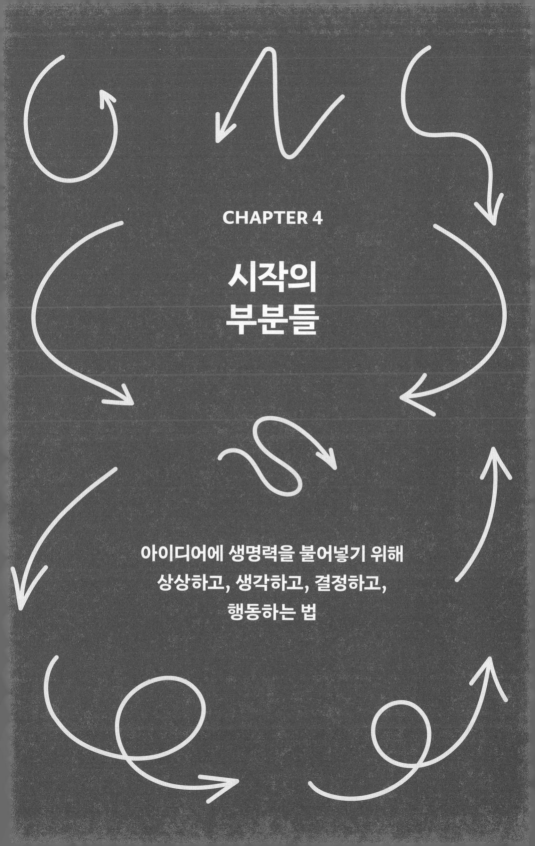

CHAPTER 4

시작의
부분들

아이디어에 생명력을 불어넣기 위해
상상하고, 생각하고, 결정하고,
행동하는 법

시작은 기술이다. 다른 기술과 같이 우리는 이 기술을 배우고 연습하고 통달할 수 있다. 이 기술을 올바르게 구사한다면 우리는 무엇이든 이룰 수 있고 무엇이든 시작할 수 있다. 이 기술을 배우지 못하거나 잘못 배운다면 창조적인 삶이 완전히 위축될 수 있다.

겁을 주려는 것이 아니다. 알다시피 내가 이 주제에 신나서 괴짜처럼 행동하고 있을 뿐이니 겁먹지 않아도 된다. 나는 왜 어떤 이들은 실제로 목재 예술을 하면서 몇 시간을 보내지만, 다른 이들은 왜 목재 예술 이미지로 핀터레스트[1] 보드를 채우면서 몇 시간을 보내

---

1 Pinterest. 이용자가 스크랩하고 싶은 이미지를 게재하고 다른 이용자와 공유할 수 있는 소셜네트워크 서비스. 이미지 보드에 핀으로 사진을 꽂는 것처럼 이미지 파일을 모으고 관리할 수 있다. —옮긴이

는지 그 이유를 연구했다. 나는 왜 시작이 누군가에게는 쉽고 활력이 넘치는 일인 반면, 다른 누군가에게는 두렵고 진이 빠지는 일인지 알아냈다.[2]

무엇을 시작하게 하는 일은 "그냥 해!"라고 시키는 것보다는 더 복잡하지만, 우리가 생각하는 것보다는 간단하다. 어떤 식으로든 우린 이미 그렇게 하고 있기 때문이다.

새로운 일을 시작하는 것은 네 가지 국면 또는 단계, 과정으로 뚜렷이 나눠지는데, 나는 여기서 간단히 '부분'이라고 부르도록 하겠다. 내가 만들어낸 내용은 아니다. 이는 심리학 전문가와 행동과학자들이 우리 삶을 변화시키거나 새로운 걸 창조할 때 인간이 겪는 단계라고 부르는 것으로, 다음과 같다.

✓ 부분 1: 상상하기
✓ 부분 2: 생각하기
✓ 부분 3: 결정하기
✓ 부분 4: 행동하기

이는 간단해 보인다. 먼저 아이디어를 얻고 어떤 모습일지 상상해본다. 그리고 아이디어를 생각해보고, 이를 어떻게 할지 결정한

---

2   신경과학 및 뇌스캔에 대해 자세히 알고 싶다면 291쪽의 참고 문헌을 확인해라. −지은이

다음 행동을 취한다. 단순해 보이는 부분들이다. 그러나 이 단순해 보이는 각 부분은 사람이나 프로젝트만큼 복잡하다. **사람들은 주로 이러한 부분들을 어떻게 수행하는지, 이어서 시작예술가들은 어떻게 수행하는지 이야기해보도록 하자.**

부분 1. 상상하기

상상은 우리 앞에 존재하는 것을 다른 모습의 무언가로 생각을 확장하는 일이다. 더하거나 수정하고 방향을 틀거나 바꿔보는 것이다.

상상을 현실 세계로 가져오기 위해 우리는 그것을 이야기할 수 있는 형태로 포장한다. 개념으로, 비전으로, 질문으로, '만약'이라는 가정으로, 아이디어로 말이다.

아이디어가 어떻게 떠오르는지에 관해 오랜 세월 동안 많은 글이 쓰여왔다. 어떤 창작자는 자신을 그저 아이디어가 흐르는 통신 채널로 여긴다. 앉은 자리에서 고속 광대역통신망처럼 아이디어를 줄줄 흘려보내면서 캐릭터와 장면, 반전을 쓰는 소설가가 그렇다.

어떤 이는 아이디어를 우리가 찾고 있는 보물이라고 생각한다. 그 보물을 먼저 찾게 되면 손에 넣을 수 있는 자물쇠와 열쇠, 깨달음을 얻고자 촉각을 곤두세운다.

일부 학자들은 아이디어를 의학적으로 냉정히 여기는데, 그들은 대체로 아이디어란 두뇌를 움직이게끔 만드는 화학물질이며, 에너지를 전달해 문제가 되는 간극을 메우거나 무의식적으로 어떤 문제를 해결한다고 추론한다.

또 어떤 이는 아이디어란 우리가 열망을 충족하고자 할 때 우연히 발견하게 되는 사실의 환상이자 융합이라고 생각한다.

또한 아이디어란 신성한 대화가 주는 선물로 영적 근원을 지녔다고 믿는 사람들도 있다. 그런 사람들은 무언가를 창작할 때 우리가 우주 또는 궁극적인 뮤즈인 신의 지시를 받는다고 믿는다.

나는 개인적으로 아이디어란 항상 연속적인 시간 속을 굽이굽이 구르는 구슬이나, 맑고 높은 하늘을 떠다니는 나비와 같이 독립적인 존재라는 환상적인 개념을 가지고 있다. 아이디어는 세상에 나타나고자 하면서 우리에게 선택적으로 모습을 드러낸다. 아이디어는 우리의 어깨에 내려앉고 우리들 중 한 사람에게 속하게 된다. 우리가 아이디어를 무시하거나 비난해 흘려보내지 않는 이상 그러하다.

부분 2. 생각하기

한 아이디어가 우리의 상상 속에 들어와 공간을 차지하고, 우리는 그 아이디어를 따르도록 부름을 받는다. 그때 우리는 이를 허구 또는 환상으로 치부하고 버린다. 아니면 뇌 속에서 이를 현실

지금 당장 시작하는 기술

로 이뤄내는 방법을 알아낼 수 있는 곳으로 데려간다.

작은 아이디어라면 일상생활 속에서도 이 생각의 과정을 모두 처리할 수 있다. 하지만 사업, 책 쓰기, 사회운동과 같이 큰 아이디어라면, 우리는 그 아이디어와 그로 인한 우리 삶의 변화를 모두 생각해봐야 한다.

전문가들이 말하길, 어떤 것에 전념해 노력하기 위해서 인간은 숙고의 단계를 거쳐야 한다고 한다. 계획을 연구하고 계획에 대해 다른 사람들과 이야기하는 시간, 이 새로운 아이디어가 어떻게 세상에 나올지 숙고하고, 궁리하고, 조사하고, 고심해볼 시간을 거쳐야 한다. 그럼 이를 어떻게 해야 할까?

유리 집을 짓는 데 몇 개의 와인병이 필요할까? 박제사와 데이트할 때 생길 수 있는 위험에 대한 기사를 쓰려면 누구를 인터뷰해야 할까? 차량관리국을 뜨개질로 뒤덮어버리는 얀밤을 하려면 어떤 크기의 뜨개바늘을 사용해야 할까?

아이디어가 클수록 더 생각해보자. 어떤 아이디어를 실행 가능하다고 확신하게 되더라도 시간이 좀 더 필요할지 모른다. 꿈꾸고, 놀라워하고, 상상 속 시나리오를 상연해보며, 페이스북에서 이야기해보고, 공항버스의 옆자리에 앉은 친절한 부인에게도 이야기해본다. 그 부인이 무언가를 알지도 모를 테니 말이다.

궁극적으로 이러한 생각의 과정은 우리에게 다음과 같은 질문을 던진다.

- ✓ 시간이 있을까?

- ✓ 이 일을 즐길 수 있을까?

- ✓ 걸림돌에 부딪히더라도 견뎌낼까?

- ✓ 이 일을 혼자 할까 아니면 협력할 사람을 구할까?

- ✓ 이 일을 끝냈을 때 노력했던 만큼의 가치가 있을까?

이 질문들을 올바르게 하고 있다면 아이디어를 심사숙고하며 우리는 의미심장한 질문에 이르게 된다.

이 일을 하면 나는 어떤 사람이 되며, 하지 않는다면 어떤 사람이 되는가?

부분 3. 결정하기

아, 결정이라. 결정을 내린 이상 되돌릴 수 없다. 자신에게 이제 조사는 모두 끝났다고 선언하는 순간, 더 이상의 숙고는 없다. 이제 생생한 그 일은 현실이 된다.

의사결정이라는 정신적 행위는 심사숙고한 대화이자 심지어는 말로 똑똑히 나타난 이성과 감정 사이의 대화다. 뇌에서 사실을 분류하는 부분과 감정에 관여하는 부분 사이의 인지 투쟁이다. 신경과학자들은 두 제품 중에서 한 제품을 선택할 때, 두 대학 중 어딜 갈지 선택할 때, 포커 게임에서 많은 전략 중 한 전략을 선택할 때 하

지금 당장 시작하는 기술

나의 선택이 어떻게 다른 선택을 이기는지를 설명해주는 뇌의 작용 경로와 화학물질 및 뇌의 부분을 이해하고 있다.

하지만 우리가 상상한 것을 창작하기로 하는 결정은 두 가지 중 하나를 선택하는 것보다 더 복잡하다. 미래를 선택하기 위해, 아직 알 수 없는 위험과 보상 그리고 사실과 감정 사이의 균형을 맞추기 위해서 미래에 내기를 거는 것이다.

우리가 잘 아는 일에 대해 결정을 내리는 경우, 우리는 재빨리 "예"라고 결정할 수 있다. 하지만 아이디어가 위험하고 장기전으로 이어지면 상황이 바뀐다.

키우는 강아지를 끄적끄적 스케치하기로 결정하기는 쉽다. 그러나 예를 들어 1년 동안 팟캐스트를 진행하기로 하는 결정은 (나는 이것을 절대로 하지 않기로 했으며 이에 확신한다) 내가 알지 못하는 것에 내기를 걸어야 한다. 내가 매주 아이디어를 가지고 힘차게 진행할 수 있을까? 내 안의 좀비처럼 깨어나지 않는 외향성을 불러일으킬 만큼 아드레날린이 충분히 분비될까? 초대 손님을 모시고 음악을 고를 때나 기술자가 예고도 없이 일을 그만둬서 기술 문제를 해결할 때 자신이 있을까?

아이디어를 행동으로 옮기겠다는 결정은 이전의 '생각하기' 부분에서 우리가 숙고한 것에 더해 우리의 감정, 살아온 역사, 그날 뉴스에 나온 내용에 달려 있다.

결정은 힘든 일이다. 상황에 따라 달라진다. 장기적인 헌신이 요구되는 일은 결정하는 데 더 오랜 시간이 걸리며, 창의적인 결정은 감정적인 일이다. 이는 너무 많은 결정을 내리다 보면 피로감에 나쁜 결정을 내리게 된다는 이론인 '의사결정 피로 현상'으로, 결정이란 진을 빠지게 하고 재미도 없는 일이 되기도 한다는 것을 알 수 있다.

내 생각에는 이 점이 우리가 아이디어를 행동으로 옮기기로 결정하지 않는 이유다. 우리는 종종 그저 아무것도 결정하지 않기로 결정한다.

그러나 결정을 내리는 것은 인생을 잘 살기 위해 매우 중요하다. 우리는 결정을 내려야 하고, 어떤 일을 하기로 결정하면 그것을 하지 않을 가능성을 배제해야 한다. 섬에서 배를 돌려보내야 한다. 우리의 이야기를 바꿔 써야 한다.

부분 4. 행동하기

상상하고, 생각하고, 결정하는 것. 이 모든 것이 뚜렷이 구분되지 않은 채 일어날 수 있다. 아이디어를 행동으로 옮기는 것은 우리의 머릿속에 있는 것을 세상에 옮겨내는 일이다. 행동은 눈으로 볼 수 있는 에너지다. 바로 이 순간이 도화선에 불을 붙이고, 스위치를 누르고, 밸브를 여는 순간이다.

행동을 취하는 것은 우리에게 변화를 가져오고, 이미 발을 들인 만큼 더 많이 마음을 쓰고 일종의 정신력을 발휘하도록 한다. 행동은 심리학자들이 자이가르닉 효과$^{Zeigarnik\ effect}$라고 부르는 것을 촉

발한다. 자이가르닉 효과란 완료된 활동보다 미완료된 활동을 더 잘 기억하는 경향을 나타내는 법칙이다. 이 효과는 뇌에 우리의 창작물을 심어두는데, 이는 어떤 지침이 되어 우리가 그 창작물로 되돌아오도록 한다. 우리의 프로젝트는 영감을 끌어들이는 자석이 되어 의식적으로나 무의식적으로 정보와 관심을 끌어모은다. 그래서 무력감이 끼어들 자리가 없다.

무언가를 시작하기로 결정했다면, 이제 현실로 만들 차례다. 행동해라. 무언가를 해라. 아이디어에 생명력을 불어넣어라.

부분을 넘나들기

성공적인 시작예술가는 시작을 이루는 모든 부분을 즐기고 숙달한다. 종종 그들은 자신들이 이를 어떻게 해내는지 설명하지 못한다. 또한 시작예술가들은 나노초 단위로 이 부분에서 저 부분으로 이동할 수 있어서, 한 부분이 언제 끝나고 다른 부분이 언제 시작되는지 항상 아는 것은 아니다. 시작예술가는 샤워 중에 아이디어를 얻고 젖은 수건을 침대에 내려놓기도 전에 어떤 행동을 실행하기로 결정할 수도 있다.

이와는 대조적으로, 고군분투하다가 시작예술가적 난관에 부딪힌 이들은(일단 이들을 비시작자nonstarters라고 부르기로 하지) 각 단계를 집중과 주의를 기울여 아주 열심히 수행할지도 모른다.

활력이 넘치는 시작예술가는 더 크게, 더 잘, 더 자주 시작하기 위해 이 네 가지 부분을 어떻게 헤쳐나갈까? 또한 어떻게 계속해서 상상하고, 생각하고, 결정하고, 아이디어를 행동으로 옮길까? 시작예술가는 비시작자를 괴롭히는 부정적인 태도라는 지뢰밭을 어떻게 피할까? 삶에 압도당하지 않고 기쁨을 찾기 위해 어떻게 기꺼이 인생의 방향을 틀 수 있는 것일까? 어떻게 곡예를 부리듯 동시에 여러 프로젝트를 진행하면서도 한 가지 일을 더 시작하는 것에서 기쁨을 찾을 수 있을까?

답은 이동에 있다. 목적의식이 있고, 기대에 차 있고, 열린 마음을 지니고, 일관적이며, 호기심에 가득 차서 시작을 이루는 네 가지 부분을 넘나드는 것이다.

창작의 단계는 선형적이지 않다. 서로 연결되어 있고 유동적이며 순환적이다. 어떤 부분이 끝나거나 시작되는 것이 아니라 지속적인 반복과 재생의 과정이다.

톱니바퀴를 잠시 떠올려보자. 톱니가 달린 전원 스위치 장치는 단순한 형태의 톱니바퀴다. 그런데 한 톱니바퀴의 톱니를 다른 톱니바퀴의 톱니에 연결하면 두 톱니바퀴는 딱 맞물려서 움직인다. 하나가 회전하면 다른 하나는 반대 방향으로 회전한다. 연결된 톱니바퀴들은 모두 그런 식으로 움직인다.

톱니바퀴의 크기가 서로 다르면 서로를 움직이는 힘의 위력이 바뀐다. 따라서 더 큰 톱니바퀴에 연결된 작은 톱니바퀴를 움직이면 상호 밀접한 역학적 이점이 발생한다. 이것이 시작 과정의 모습이다.

지금 당장 시작하는 기술

톱니바퀴의 신기한 움직임과 마찬가지로 시작 과정의 어떤 일부분이 힘의 이전을 일으켜 다른 모든 부분을 활성화한다. **아이디어를 행동으로 옮기면, 영감과 상상력이라는 톱니바퀴가 맞물리게 된다.** 생각했던 것들이 더 선명하게 보이게 된다. 그렇게 해서 장애물을 확인하면 이를 버리거나 해결하면 되고, 이것이 얼마나 쉬운 일인지 깨닫게 될 것이다. 또한 기회를 확인하게 된다면, 이 휘황찬란한 가능성을 속속들이 들여다볼 수 있을 것이다.

아이디어가 실제 움직임과 에너지가 되면서 아이디어는 현실 세계의 정보를 접하게 된다. 그렇게 접하게 된 현실 속 자세한 내용과 가능성은 우리를 다시 상상하기 부분으로 되돌려보내기도 하며, 우리는 또 다른 결정을 내리고, 더 많이 탐구해보고, 더 많은 에너지를 쏟아야 할지도 모른다.

계속해서 움직이는 한 이 엉뚱한 기계는 힘을 생산하고 있다. 아이디어를, 피드백을, 새로운 정보를 생산하고 있으며 아직은 형성되지 않았지만, 곧 찾아올 아이디어를 생산하기 위해 박차를 가하고 있다.

움직이는 이 기계의 구조를 한 번에 하나씩 교체해주면 더 많은 추진력과 동력을 얻고, 두려움과 후회는 줄어들게 된다.

이 기계가 주는 기쁨은 우리가 작은 장치 같은 것을 시간당 100개 생산해낸다는 데 있는 게 아니라, 계속해서 움직이는 이 대단한 장치를 평생에 걸쳐 생산한다는 데 있다.

하지만 단계가 있다고 했다. 단계라고 말하는 게 더 쉬워 보인다. 단계는 모두 같은 크기로 순서대로 쌓인다. 간결하고 깔끔하다. 이런 관점이 자신에게 더 맞다면 이런 시으로 생각해도 좋다. 하지만 우리가 이 과정에 어떤 단어를 붙이는지가 차이를 만든다.

내가 생각하는 방식은 다음과 같다. 시작예술가는 모든 단계 또는 부분을 수행하지만, 항상 순서대로 행하지는 않는다. 몇몇 단계를 건너뛸 수도 있고 굉장히 빨리 해낼 수도 있는데, 자신도 모르게 이러는 것 같다.

시작예술가는 먼저 프로젝트를 시작하기로 한 다음, 돌아가서 아이디어와 영감을 찾아볼 수 있다. 다가오는 축제를 위해 희곡을 쓰기로 결정했지만 아직 무엇을 쓸지 모르는 극작가처럼 말이다.

시작예술가가 아이디어를 행동으로 옮기려고 움직일 때, 여전히 그 결정을 숙고하는 중일 수도 있다. 명확한 결정을 내리기 전에 먼저 꽃을 뽑고 화단을 옮기며 식물을 분류하고 아이디어를 그려보기 시작하는 정원사처럼 말이다.

시작예술가는 핵심 아이디어로 되돌아가 이를 다시 상상해보면서 이미 프로젝트를 시작했을 수도 있다. 돈을 벌고자 봉제 연구소를 열어 지역사회 패션 산업을 다시 일으키더니, 보호가 필요한 여성들에게 직업 기술을 가르치는 비영리단체로 전환하기로 결정하고, 또 팬데믹 동안에 방호 마스크를 제작하는 데 집중하기로 한 기업가처럼 말이다. (실화다!)

물론 시작예술가들은 생각을 바꾸기도 한다. 전혀 부끄러워하지 않고 결정한 일에서 한발 뒤로 물러나 생각을 바꾸고 다른 일을

지금 당장 시작하는 기술

시작한다. 이 방식이 고무적인 이유는 시작예술가들은 이렇게 움직여 더 많은 것을 시작하기 때문이다. 매우 강력한 방식으로, 한꺼번에 상상하고 생각하고 결정하고 행동하기에 시작은 더 많은 시작을 불러온다.

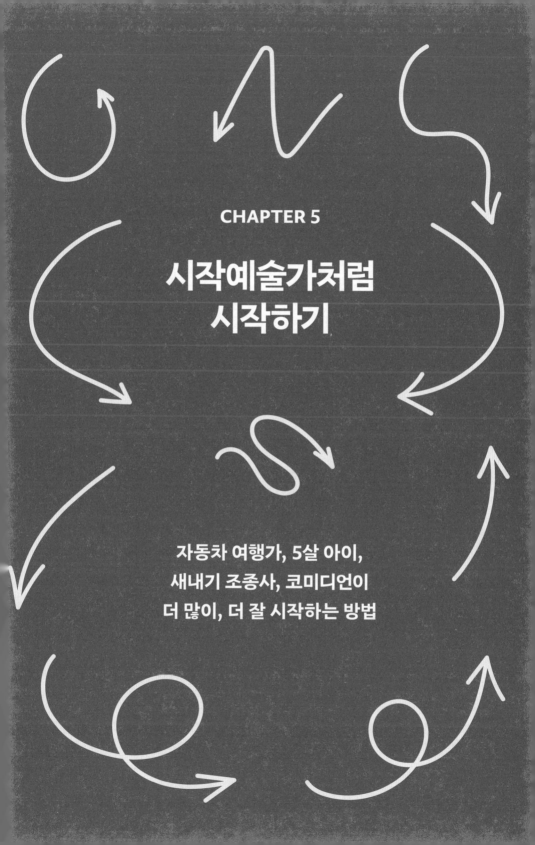

CHAPTER 5

시작예술가처럼
시작하기

자동차 여행가, 5살 아이,
새내기 조종사, 코미디언이
더 많이, 더 잘 시작하는 방법

내 친구 로라 슈미트는 긴 휴가 기간 동안 자동차 여행을 하면서 조수석에 앉아 있었다. 남편은 운전석에 있었고 거의 다 자란 세 아이는 뒷좌석에 있었다. 로라는 신고 있던 테니스화를 발로 차 벗어던졌다. 차멀미를 하지 않으려고 이따금 위를 올려다보고 경치를 감상하며 책을 읽었다.

그곳은 캔자스였고 그래서 많은 것이 뒤섞인 풍경이었다. 광고판, 뒤이어 옥수수밭, 또 광고판이 잔뜩 보이더니 밀밭이 보이고, 나지막한 돌산, 낡은 헛간, 큰 트럭, 고속도로 표지판이 보이고 광고판이 또 잔뜩 보였다. 옥수수밭 속에서 로라의 시선이 자신의 양말 발가락에 닿았다. 그러고는 한 아이디어가 로라의 어깨 위로 인칙했다. '양말이 좋은 광고판이 될지도 몰라. 잠재의식을 위한 광고판!'

당시 로라는 전국적으로 유명한 브랜드 회사에서 출세가도를 달리던 영업 이사였다는 점을 말해둬야겠다. 그녀의 성공은 틀림없이 모두를 매료시킬 만큼 낙천적이고, 고무적이며, 관대하고, 격려를 아끼지 않는 그녀의 성격 덕분이다. 그녀는 내가 아는 가장 진실하고 다정한 사람이다. 로라는 아침 확언과 같이 일생의 목적을 이루기 위한 수단을 사용해 긍정적인 습관을 길렀다. 그래서 로라가 양말을 게시판으로 이용해보면 어떨지 생각할 때, 그녀는 자연스럽게 긍정 확언을 함께 떠올렸다.

로라는 오래도록 확언에 관심이 아주 많았다. 그녀는 육아와 직장 생활을 하며 확언을 활용했다. 사실 그녀가 자동차 여행 중 읽고 있던 책도 긍정의 과학에 관한 책이었다. 그녀는 하루에 두 번 특정한 시간에 마음이 어떻게 말이 가진 힘에 가장 활짝 열려 있는지 설명하는 구절을 읽는 참이었다고 회상한다. 깨어나는 시간에서 잠드는 시간으로 하루를 이어주는 그 시간. 우리가 아침에 가장 먼저 하고, 밤에 가장 마지막으로 하는 일. 다름아닌 양말을 신고 벗는 바로 그 시간이다!

아이디어가 로라를 찾아와 단 몇 분 만에 완성되었고, 그녀는 곧바로 남편에게 큰 소리로 말했다. "양말에 긍정적인 확언을 새길 생각이야!" "생각이야"라고 말하긴 했지만, 정말로 결정한 일이었다. 로라는 이미 양말을 만들고 있었다.

로라는 몇 년 동안 자신의 경력에 대해 깊이 생각해왔다. 그녀는 18년간 영업직을 맡아왔고, 이제 새로운 도전을 할 준비가 되어 있

지금 당장 시작하는 기술

었다. 그래서 아이디어가 떠올랐을 때 로라는 그것을 두 손으로 움켜쥐었다.

로라는 자신의 아이디어를 어떻게 실행에 옮길 것인지, 이 아이디어가 자신의 삶에 어떻게 어우러질지, 얼마나 많은 위험을 감수해야 하는지를 생각했다. 그러나 오래 생각하지 않았다. 며칠 만에 그녀는 회사를 차리고 양말을 팔기 시작했다.

로라는 본업을 유지하며 사업을 작게 시작했다. 또한 시장조사나 시제품에 너무 집착하지 않았다. 그것들은 예산안에도 없었다. 그녀는 가족 신용카드로 첫 양말을 주문했다. 양말에는 "나는 멋져"와 "자신 있어"라는 확언이 발가락 부분에 뜨개질로 새겨져 있었다. 야심 찬 고등학교 배구 선수였던 로라의 딸은 큰 경기가 있을 때 그 양말을 신고 사용 후기로 엄지손가락을 치켜세워 보였다.

"정말 그렇게 느꼈어요. 생각지도 않았는데 멋진 경기를 했고, 신발을 벗었더니 '자신 있어'라는 문구를 봤죠. '맞아, 난 자신 있어!'라고 생각했어요." 딸 일레인이 말했다.

그 격려는 로라가 더 많은 것을 상상하도록 영감을 줬다. 그녀는 계속해서 정규직으로 영업 부서에서 일했으며 창의력으로 번뜩였다. 그리고 사람들이 스스로를 완전히 믿으려면 어떤 말이 필요할지, 또 그 말이 어떻게 하면 양말과 가장 잘 어우러질 수 있는지 곰곰이 생각했다. 또한 로라는 제조, 레이블링, 포장 옵션을 조사했다. 자신의 회사에 노츠투셀프®notes to self®라는 이름을 붙이고 자가용 트렁크에서 양말을 팔기 시작했다.

회사는 성장했다. 로라는 곧 선물 가게에 입점을 요청하고 온라인으로 판매하기 시작했다. 또한 판매 전시회와 마케팅 전략을 상상했다. 느리지만 확실히 효과가 있었다. 로라는 여러 가지 일을 해내느라 고군분투하면서 자신의 새로운 회사에 완전히 집중할 수 있다면 얼마나 좋을지 상상했다. 그녀는 어떻게 하면 자신이 속한 지역사회에서 일자리를 창출하고, 사람들의 삶을 더 나아지게 하는 사회를 만들 수 있을지 상상했다. 그로부터 1년이 안 되어서 로라는 숙고 끝에 결단을 내려 새 회사에만 집중해서 일했다. 2년간 재택근무를 한 후 확언으로 가득한 본사와 창고, 주문처리 센터인 삭스센트럴Socks Central을 설립했다.

몇 년 안에 그녀의 양말은 홀마크[1]의 선물 가게 코너와 다른 선물 가게 소매점에서 판매되었고, 노츠투셀프® 양말은 미국 최초의 아침 정보 뉴스 프로그램인 〈투데이쇼〉[2]에 소개되었다. 오늘날 노츠투셀프® 양말은 미국 전역의 수백 개 매장과 소비자 직판 웹사이트에서 100가지가 넘는 확언이 적힌 미국산 양말, 베갯잇, 의류를 판매하고 있다.

양말에 확언을 새긴다는 로라의 아이디어는 자동 유도 장치를 달고는 우주를 떠다니다가 양말을 사랑하고 경력에 변화가 필요했

---

1   Hallmark. 미국의 축하 카드와 선물용품 등 여러 장식품을 판매하는 회사로 100년의 역사를 지녔다. ―옮긴이
2   Today Show. 1952년부터 미국 NBC 방송국에서 방영되는 아침 정보 뉴스 프로그램. ―옮긴이

던 미 중서부 여성을 향해 오고 있었거나, 로라의 잠재의식이 지난 몇 년간 해결하고자 애썼던 퍼즐의 마지막 조각이었을 수도 있다. 둘 중 어떤 것이었든 이는 큰 아이디어였다. 그리고 로라는 이것을 시작예술가적으로 다뤘기에 인생을 변화시키는 아이디어로 만들어 낼 수 있었다.

성공적인 시작예술가는 상상을 어떤 식으로 특별히 다르게 할까? 어떻게 영감을 얻고, 아이디어를 포착하고, 생각의 단편들을 구체적인 표현으로 변형시킬까? 어떻게 비시작자보다 허황된 아이디어를 더욱 잘 걸러내고 분류해낼까?

내가 알아차린 한 가지 큰 차이점은, 로라 같은 시작예술가들은 자신의 상상을 진지하게 받아들인다는 것이다. 그들은 아이디어에 정중하고 친절하다.

우리가 자신의 아이디어에 얼마나 인색하게 구는지 알고 있는가? 많은 이가 자신의 아이디어를 등한시한다. 정말 잔인하게 대한다. 또한 우리가 큰 관심을 두며 특히 좋아하는 아이디어에는 지나치게 큰 기대를 한다.

우리는 아이들에게도 그렇게 대할까? 우리는 아이들이 첫 시도만에 자전거를 타거나, 하루 만에 운전을 배우거나, 졸업식 날부터 독립해 살기를 기대하지 않는다. 물론 가끔 이런 일이 일어나긴 한다. 다만 내 아이가 아니라 다른 사람의 아이에게 말이다.

비즈니스 글쓰기에서 창의적인 글쓰기로 경력을 진환하고사 할 때 얻은 깨달음이었다. 나는 마케팅 및 홍보 대행사에서 일하며

20~30대를 보냈다. 나는 고객이 정해준 일을 할 뿐이었고, 자유 시간에 내 아이디어로 글을 쓸 때면 오히려 너무 자유로워 글쓰기가 가로막혔다. 기사나 에세이에 대한 아이디어를 생각해냈지만 모든 창의력을 동원해 아이디어의 허점을 찾아낼 뿐이었다. 그 후로 2년 동안 몇 개의 기사를 작성하기 시작했지만 끝내거나 팔지 못했다.

하지만 차츰 다른 작가들과 이야기를 나눠보며 미완성 작품을 세어봤다. 그러고는 확인했다. 나는 아이디어를 괴롭히는 깡패였다. 아이디어를 떠올리고는 나쁜 점만 잡고 늘어져 깡패처럼 굴 뿐이었다. 그 아이디어에 기회를 주지 않고, 그 어떤 가치도 없다고 생각했다. 그 아이디어를 그럴듯한 것으로 만들기 위해 노력하는 대신 더 나은 아이디어를 찾아다녔고, 결국 아무것도 보여주지 못하고 모든 작업을 종료했다. 이것은 내가 꼭 깨고 나와야만 하는 습관이었다.

어느 날 아침, 나는 '새 둥지'라는 이름이 붙은 미완성 컴퓨터 파일에서 포기했었던 기사 아이디어를 발견했다. 현관문 채광창 틈에 둥지를 튼 로빈이라는 새를 주제로 한 몇 문장에 불과한 글이었다. 전에 두 번 정도 우연히 이 아이디어를 떠올렸고 탐탁지 않게 여겼다. '새 둥지가 뭐가 그렇게 특별해? 새똥과 뻔한 이야기, 그게 다야. 삭제해야 해. 아이클라우드 공간만 낭비하고 있다고.'

그러나 그날만큼은 내 아이디어와 창의적인 자아에 친절하게 굴기로 마음먹었다.

지금 당장 시작하는 기술

나는 오프라닷컴[3]에 기사 하나를 막 팔았던 참이었고, 다음 글을 위해 아이디어를 짜내고 있었다. 친절히 굴고 싶은 기분이 아니었지만, 마감 시간이 다가오고 있었기에 가짜로 친절함을 연기했다. (그것도 효과가 있었다.) '기사 아이디어' 폴더를 살펴보면서 눈앞에 나타나는 파일 이름을 봤을 때 나는 모니터에 대고 정말 이렇게 소리쳤다. "작은 새야, 내게 뭐라고 속삭이는 거니? 크게 좀 말해봐!"

파일을 열고 잠시 그 아이디어에 대해 가만히 생각해봤다. 내 머릿속은 뒤죽박죽이었다. 처음에는 내 곁을 떠난 딸들을 떠올리며 나의 빈 둥지 삶, 빈 둥지 개념에 대해 생각하다가, 어떻게 로빈의 둥지가 내게 위안을 줬는지를 떠올렸다. 그런 다음 몇 달 전에 작성했지만, 그 어디에도 보낸 적 없는 '괜찮을 거라고 자신을 설득하는 방법'이라는 제목의 기사를 게재하도록 제안해보면 어떨까 생각했다.

나는 그 아이디어에 다정히 "고맙다"고 말하고 편집자에게 제안서를 보냈다. 그렇게 해서 그 주에 '괜찮을 거라는 우주의 속삭임'이라는 제목의 짧은 기사를 썼다. 그 둥지 아이디어는 다음과 같았다.

지난 7년간 로빈의 가족은 우리 집 현관문 앞 처마를 터로 삼아 여름 둥지를 지었다. 내 두 딸이 어렸을 때, 우리 모녀는 현관문 채광창 틈으로 새들을 조심스레 살펴보고, 어미 새가 알을 낳고 보

---

3   Oprah.com. 오프라 윈프리의 아이디어를 바탕으로 자기 계발과 개선, 더 나은 삶을 살기 위한 다양한 글, 방송, 잡지 등을 선보이는 인터넷 사이트. —옮긴이

호하는 몇 주 동안 봄 둥지를 짓는 어미 새의 모습도 지켜보곤 했다. 우리는 청록색의 알이 깨지길, 벌거숭이인 채로 먹이를 구걸하는 아기 새들이 둥지를 가득 채우길 기다렸다. 로빈의 가족은 내게 기쁨을 주는 존재였지만, 새로울 게 없어지자 둥지는 더 이상 우리의 마음을 끌지 못했고 성가시게 여겨졌다. 창문은 진흙으로 얼룩지고 풀이 들러붙어 있었다. 알껍데기가 터져 현관을 더럽혔으며 물론 새똥도 있었다. 지난가을, 내 딸들이 하나는 대학으로, 또 하나는 처음으로 큰 직장에 취업해 뉴욕으로 떠났을 때 둥지가 띠는 상징성이 내게 다시금 감명을 줬다. 어느 날 아침, 계단을 내려가 창문으로 빈 둥지를 봤을 때 나는 깊게 숨을 들이쉬고 눈물을 흘렸다. 창가 앞 계단에 앉아 처음으로 빈 둥지를 좋게 보고 자기 연민에 젖어 울었다. 해마다 어미 새가 둥지를 짓고 아기 새를 밀어내는 것을 봤지만, 우리에게 공통점이 있다는 생각은 한 번도 해본 적이 없었다. 그 순간, 나는 우주의 모든 어머니와 하나가 되는 기분을 느꼈다.

이 둥지 아이디어는 내가 원래 상상했던 하나의 완전한 기사가 아니라 하나의 작은 단락에 불과했다. 하지만 이것이 다시 쓰여 재탄생했고 완전한 하나의 기사가 되었다. 나는 아이디어를 친절히 대했고, 아이디어도 내게 친절함을 보였다. 이런 내 이야기의 교훈은 '친절하면 보답을 받는다는 것'이다. 이 경우 500달러의 보답이 있었다. 고마워요, 오프라.

지금 당장 시작하는 기술

우리의 아이디어가 언제 실현될지는 알 수 없다. 때때로 시작할 만반의 준비를 마친 아이디어가 몇 년 전과 똑같이 맥이 풀리는 시도로 끝나기도 한다. 때때로 다른 프로젝트의 세부 사항을 까다롭게 조정하는 동안 아이디어는 인생의 편집실 바닥에 떨어져 조각나기도 한다.

오늘날 나는 의식적으로 아이디어를 신성한 힘에 의해 내게 인도된 것처럼, 우리 집 문 앞에 나타난 신생아처럼 다룬다. 내가 그들을 키울 필요는 없지만 안전한 곳을 찾아준다. 나는 절대로 그 아이들이 가치 없다고 말하지 않는다.

우리의 아이디어가 꼭 굉장히 멋질 필요는 없다. 아이디어를 가꾸고 치장할 필요가 없으며, 이미 에너지와 즉각적인 잠재력으로 가득 차 있다. 솔직히 지저분하고, 나른하고, 막 깨어난 아이디어가 사랑스럽고 훨씬 더 접근하기 쉽다.

다루기 힘든 10대 청소년이 아니라 침대에 누워 있는 아기에게 말하는 목소리로 아이디어에 말을 건네야 더 나은 결과를 얻을 수 있다. "좋은 아침이야, 아가야. 오늘은 뭐 하고 싶니? 주스 좀 마실래?" 그럼 잠에 빠져 나른한 아이디어는 어느새 스스로 침대를 정리하고 자동차 열쇠를 달라고 한다. 당신의 아이디어가 마술처럼 당신이 향하고 있는 곳으로 당신을 데려가려고 하는 것을 상상해보라. 이것이 시작예술가의 방식이다. 그들은 신발을 벗어 던지고 풍경을 바라본다.

아이들이 뒷좌석에서 알아서 잘 놀고 있는 동안 시작예술가는 이미지와 소리가 자신에게 밀려오도록 둔다. 그리고 그 속에서 자신이 믿는 것을 읽어낸다. 자신이 알고 있는 것과 찾고 있는 것을 결합한다.

시작예술가는 자신의 생각과 처음 떠오른 어렴풋한 인상을 붙잡아두고, 나중에 영감을 받을 수 있도록 그것을 찾을 수 있는 곳에 잘 보관해둔다.

시작예술가는 이렇게 상상한다.

✓ 언제나 어디서나

✓ 문제보다는 가능성을

✓ 조합과 발전을

✓ 구체화되는 아이디어와 눈에 보이는 현실을

✓ 마치 이 세상이 우리가 시작하는 데 필요한 모든 것을 건네줄 것처럼

✓ 모든 것을 치유하고, 고치고, 완전하게 만들 수 있는 아이디어를

✓ 우리 아이디어에 허점이 많더라도 완전한 창작물을

지금 당장 시작하는 기술

상상을 시작하기

1. 시작 일기장과 아이디어를 챙기자
이전 연습 활동의 아이디어를 계속 활용하거나 새로운 아이디어를 선택해라. 아이디어를 빌릴 필요가 있다면 57~59쪽의 목록을 참조해라.

2. 상상하고 쓰기 시작하자
다음은 도움이 될 만한 몇 가지 형식이다.

1) 이미 아이디어를 시작하기로 결정한 것처럼 1인칭으로 쓴다.

예) "나는 공동체 텃밭을 만들 것이고, 그 이유는⋯."

2) 아이디어에 편지를 써라.

예) "친애하는 공동체 텃밭에게, 너를 시도해볼 만하다고 생각한 이유가 여기 있다⋯."

3) 자신이 아이디어가 되어 편지를 써라.

예) "나는 공동체 텃밭이다. 당신이 나를 현실로 실현한다면, 나는 다음과 같이 할 수 있다⋯."

3. 산책하자
그렇다, 밖으로 나가서 할 수 있는 대로 걸어라. 걸으면서 자신이 알고 있는 모든 것이 틀렸다고 상상해보라. 선생님은 실수했고, 부모님은 자신의 임무에 소홀했고, 친구는 순 사기꾼이며, 당신은 아무것도 확신할 수 없다. 이렇게 모든 규범이 변하게 되면, 당신의 아이디어에 어떤 새로운 가능성이 열리게 될까?

그 빵 부스러기를 쫓아가보자. 아이디어가 어디로 향하는가? 더 많은 가능성을 갖게 되는가? 다른 문제를 해결하거나 다른 형태를 취하는가? 그 아이디어를 다른 곳에서 시작할 수 있겠는가? 통찰을 얻게 되면 휴대전화로 받아쓰거나 집에 도착한 후 적어둬라.

4. 아이디어가 완전히 형성되면 어떤 모습일지 상상해보자

구체적으로 상상해라. 그림을 그려봐도 좋다. 이를 실현해낸다면 어떤 느낌이 들까? 그 아이디어는 작은 규모일 때 어떻게 작용하는가? 규모가 확장되면 어떻게 될까? 그 아이디어가 완성되거나 잘 진행되고 있을 때 당신의 삶이나 세상에는 어떤 변화가 일어날까?

5. 질문을 던지고 시나리오를 만들어 더 자세히 살펴보라

당신의 창작물에 긍정적인 반응을 보이는 사람을 상상해보라. 무엇이 그들을 감동시키거나 놀라게 할까? 무엇이 그들의 반응을 더욱 의미 있게 할까? 무한한 자신감과 자원을 가진 누군가가 당신의 아이디어를 맡아 실행한다면 그 아이디어는 무엇이 될 수 있을까? 혹은 당신이 그 사람이라면 어떨까?

지금 당장 시작하는 기술

시작예술가처럼 생각하기

↳   '생각하기' 부분은 당신이 생각하듯이 서로를 알아가기 위한 순진한 만남이 아니다. **이것은 아이디어를 실현하는 과정 가운데 가장 큰 변수다.**

'생각하기'는 우리가 상상한 것을 바라보고 무엇이 필요할지, 우리가 그것을 위해 준비되어 있는지를 생각하는 단계다. 아이디어에 냉수를 끼얹을 작정이라면, 여기가 바로 그 장소다.

우리가 어떤 시작예술가적 상태에 있느냐에 따라 이것은 다른 모든 톱니바퀴를 움직이는 톱니바퀴가 될 수도 있고, 모든 기계를 즉시 멈추게 할 수도 있다. 또는 아주 짧은 시간인 나노초 동안 지속될 수도 있고, 몇 년이나 지속될 수도 있다. (스포일러를 하자면 우리는 나노초를 목표로 한다.)

오랜 시간이 걸리는 생각은 잘못된 생각이다. 잘못된 생각은 위험하다. 어떤 면에서 이는 지나친 생각이라고 불리며 결코 칭찬할 만한 게 아니다. 혼자 아이디어를 쇼핑하고자 자신의 뇌 속을 배회하면서 "난 창의적이지 않아" 또는 "멋진 생각이긴 한데 학자금대출금을 다 갚고 난 뒤에 할 수 있을까?"라고 대답하도록 학습되었다면, 이런 생각은 시작하는 데 아무 소용이 없다.

그러니 내 말을 들어라. 제대로 하고 있다는 확신이 들 때까지 너무 많이 생각하지 마라.

시작 습관을 유지하는 시작예술가들은 빠르게 대강 생각한다.

그들은 직감적으로 생각한다. 그들은 질문을 멈추고 자신의 방식대로 대답하는 낙천주의와 호기심으로 생각한다.

나는 최고의 시작예술가적 사고 능력을 가진 사람들이란 어느 정도 미성숙한 사람들이라고 생각하게 되었다. 그들은 자원도 실제적 권한도 없고 인내심도 부족하지만, 마음먹은 것은 무엇이든 해내는 것으로 드러났다. 자, 내가 어떤 사람들을 말하는 건지 알 것이다. 앞서 말했듯 유치원생 말이다.

우리 가족 이야기를 간단히 소개하겠다. 남편 캐리와 나는 우리 딸들을 유아 음악 교실과 유치원 방과 후 무용 수업에 데려갔다. 우리는 바로 그런 부모였다. 우리는 딸들에게 휴대용 카세트 라디오와 마이크를 사 주고 지하실에 무대를 설치해 '무대 위'에 오를 수 있게 했다. 공연이 아무리 별로일지라도 우리는 이 일에 신나서 몰두하고 기꺼이 기립박수를 치며 아이들의 어린 시절을 보냈다. 우리 부부는 관객 말고는 아무것도 없는 무대에서 자신감만큼은 넘치는 아이들로 키웠다.

아이들이 5살, 3살이 되던 여름에 지하실 무대의 립싱크로는 성이 차지 않는 게 당연했다. 우리 귀여운 아기들은 실제 무대에 서길 원했다. 그냥 아무 무대도 아니고 뮤지컬 〈애니〉[4]여야만 했다. 〈애니〉는 그 시절의 〈겨울왕국〉으로, 아이들은 하루에 72번이나 립싱크

---

4 1976년 초연된 뒤 미국 브로드웨이와 많은 나라에서 상연되며 큰 인기를 얻은 뮤지컬로 고아 소녀 애니가 주인공이다. —옮긴이

를 할 만큼 그 뮤지컬을 잘 알고 있었다.

공개 오디션을 여는 지역사회 극장이 없었기에 우리는 우리가 할 수 있는 유일한 일을 했다. 뒷마당에서 극장을 만들기 시작한 것이다. 내 기억으로는 이를 생각해내는 사고 과정이 15분 걸렸던 것 같다. 공연장의 주인이자 프로듀서, 관객 만족도 감독관이었던 나는 이 스타트업에서 내가 가진 모든 능력을 발휘할 수 있을 거라고 생각했다. 하지만 틀렸다.

5살짜리 딸 테일러 케이가 모든 것을 생각했으며 모든 결정권을 쥐고 있었다. 테일러는 프로듀서이자 스스로 캐스팅 담당자 자리에 올랐으며, 정식 오디션 없이 테일러가 자신을 〈애니〉의 주인공 역할로 임명했을 때 아무도 놀라지 않았다. 테일러는 3살 난 여동생 테스를 몰리 역으로 캐스팅했다. 몰리 역은 강아지 인형을 품에 안고는 양녀로 삼을 수 있을 만큼 사랑스러워 보이는 것이 다였다.

테일러는 알고 있는 모든 동네 아이를 캐스팅할 만큼 영리했으며 부모님들과 조부모님들 등 최대한 많은 관중을 확보했다. 그리고 내가 한눈판 사이에 나를 해니건 양 역으로 캐스팅했다. 해니건 양은 무대에서 목욕 가운을 입고 머리에 헤어롤을 만 채 아이들에게 소리를 지르는 잔인한 보육원 원장 역할이었다. (그렇다, 나는 이웃들 앞에서 이 연기를 했다.) 테일러의 머릿속에는 어떤 사람에게 어떤 역이 어울리겠다는 생각이 있었으며 분장 도구함, 노래방 기계가 있었다. 또한 테일리에게는 엄마가 있었다. 모든 준비가 완료되었다.

두 번의 리허설과 우두머리 행세를 하는 5살짜리 아이가 이끄는 의상팀 회의를 한번 상상해보라. 싸구려 노래방 기계가 1930년 무렵의 고아로 분장한 12명의 어린 소녀에게 노래 부를 타이밍을 알려주고, 아이들은 노래 〈힘든 인생이야It's a Hard-Knock Life〉를 목 놓아 부르며 허둥지둥 장면이 전환되고, 의상에는 문제가 있으며, 게다가 기술적 결함까지 있다. 상상해보라.

우리만의 필립스 백야드[5] 극장은 기립박수와 극찬을 받으며 첫 작품을 올리고 마무리했다. 즉 어떤 관객도 그들이 낸 50센트를 돌려달라고 요구하지 않았다.

나는 이 공연의 성공은 능수능란한 시작예술가적 사고 덕분이라고 생각한다. 즉 생각을 덜 한 덕분이다. 테일러는 아이디어를 냈을 때 깊게 생각하지 않았다. 테일러는 자신이 애니 역할에 푹 빠져 연기할 수 있을 거라고 상상할 때, 어떤 문제가 생길 수 있을지 또는 자신이 그 역할을 감당할 수 있을지 생각하지 않았다. 테일러는 마당 청소나 4살배기 출연진들의 출퇴근 문제를 걱정하지 않았다. '만약 조용한 토요일 오후에 12명의 5살짜리 아이들이 마이크에 음정도 맞지 않게 소리를 질러대서 이웃들에게 방해를 주기라도 하면 어떡하지?'와 같은 가설을 세워 끔찍한 일을 상상해보지 않았다.

그 공연을 상연하기로 결심했을 때 무슨 생각을 하고 있었는지 테일러에게 물었을 때, 그녀는 다음과 같이 회상했다. "그냥 애니가

---

5 캐나다 브리티시컬럼비아주의 음악 축제로, 필립스 비어라는 양조장의 뒷마당(백야드)에서 열린다.

되면 얼마나 좋을까 하고 생각했을 뿐이에요." 단 하나의 뇌세포도 테일러 스스로가 그 아이디어는 별로니 그만두자고 생각하도록 작용하지 않았다. 내가 추측하건대 테일러는 다음과 같은 근본적인 믿음에 의존했다.

- ✓ 한 번도 해본 적이 없고 본 적이 없다고 해서 할 수 없다는 것은 아니다.
- ✓ 다른 사람이 중요한 임무를 해줘야만 하는 경우, 그냥 이를 즐기면서 하고 리허설을 너무 많이 하지 말아라.
- ✓ 아는 것을 믿어라. 이 경우에는 '엄마에게 주연을 맡기면 엄마는 망하게 내버려두지 않을 거야'라는 믿음이겠다.

시작예술가처럼 생각한다는 것은 아이디어가 떠올랐을 때 생각도 대부분 마무리됨을 의미한다.

로라의 양말을 보자. 그 아이디어는 수천 개의 작은 로라라는 조각들이 모여 즉흥적으로 불타올랐던 것이었다. 그녀가 확언에 대해 알고 있던 모든 것, 다른 이들을 돕고자 하는 열정, 영업 사원으로서의 자신감, 질 좋은 양말에 대한 별난 사랑(양말은 몇 년 동안 그녀가 즐겨 하는 선물이었다), 지혜로운 자녀 양육 방식, 직업적 도전에 대한 열망이 한꺼번에 나타나 아이디어를 불러내고 구체화했다.

로라에게 필요했던 것은 힘이 되어주는 옆 자리에 앉은 사람의 수다뿐이었으며, 로라는 만반의 준비가 되어 있었다. 그녀는 남편에게 "나 양말 발가락 부분에 긍정 확언을 새겨보려고"라고 말했다. 남편의 허락을 구하지 않았다. 그녀는 자신이 무엇을 하는지 알고 있었고 그것을 하고 싶어 했다.

시작예술가는 이렇게 생각한다.

✓ 빠르게

✓ 움직이며

✓ 머릿속에서 소용돌이치는 확언과 함께

✓ 모든 것이 가능하다고

✓ '내가 어떻게 할 수 있을까?' 그리고 '안 될 이유가 뭐가 있어?'

✓ '이렇게 하면 어떻게 될지 궁금한데'

✓ '그렇다면 이다음에는?' 그리고 이다음에는?' '또 이다음에는?'

생각을 시작하기

5~20분

1. '상상을 시작하기'에서 상상했던 아이디어 중 가장 흥분되는 아이디어에 대해 적어보자

Q&A 형식으로 작성해라. 처음에는 어떤 조사도 하지 마라. 직감으로, 최대한 감을 발휘해서 대답해라.

- 이를 현실화하기 위한 첫 번째 단계는 무엇인가?
- 시작하기 위해서는 대략 어떤 자원이 필요한가?(시간, 재료, 공간, 사람의 도움)
- 누가 나를 응원하고 도와줄 수 있을까?
- 이 일을 시작하면 앞으로 내가 어떻게 발전할까?(경력, 기술, 대인 관계)
- 앞으로 나아가는 데 방해가 되는 요소는 무엇이며(장애물), 어떻게 하면 이를 제거할 수 있을까?
- 나는 무엇을 기다리는가? 이것을 시작하기에 가장 좋은 시기는 언제인가?

5살짜리 아이의 마음으로 정직하고 인간적으로 대답해라. 답할 수 없는 질문이나 장애물이 있다면, 잠을 자고 지루한 생업을 수행하는 동안 두뇌에 이를 해결해놓으라고 지시해라. 내일이나 몇 시간 후에 다시 이 일기로 돌아오도록 약속을 정해라.

2. 다음 질문에 답해보자. 왜 이 아이디어가 나를 찾아와 유혹했을까?

이 전체 일기 쓰기 활동을 활용해 우리와 우리의 아이디어가 서로를 찾게 된 이유를 탐구해보자.

예) "공동체 텃밭을 만든다는 아이디어가 나를 유혹하는 이유는 뒷마당에 토마토를 키웠던 일이 즐거웠고, 신선한 채소를 재배하고 먹는 즐거움을 이웃과 공유하고 싶기 때문이다. 나는 식물에 필요한 것이 무엇인지 잘 알아내는데, 이 능력을 다른 이들을 돕는 데 사용하고 싶다. 이것은 의미 있는 일이 될 것 같다. 또한 동네에서 내가 솔선수범할 때마다 놀랍게도 이웃들도 한 걸음 더 나아가 도움을 제공하기 때문에 이번에는 어떤 일이 일어날지 궁금하다."

3. 이전 질문으로 돌아가보자
나에게 찾아온 새로운 답변, 특히 새로운 가능성, 이로움 또 진짜 장애물이 무엇인지 적어라.

4. 필요하다면 조사를 시작해보자
이것은 필요한 자원에 관해서 답변하지 않았던 세부 정보를 보충하기 위한 조사다. 입찰이나 복잡한 자재 조달이 필요한 대규모 프로젝트를 고려 중인 경우, 꼭 필요한 자원이 있다면 이를 위해 제일 먼저 무엇을 할지 결정해라.

예) 이 프로젝트가 당신이 회사에서 주도하고 있는 프로젝트이며 회사에서 예산을 승인했다면 어떨까? 그렇다면 첫 번째 작업은 무엇이 될까?

자원에 대한 조사를 나중에 하는 이유는 다음과 같다. 자원을 확보하는 것은 창의적인 과정의 한 단계일 수 있지만, 이는 결정을 내리고 최초로 어떤 행동을 취한 후에 필요한 과정이다. 그래서 먼저 자원을 확보하려고 하면 혼란스러워져 열정이 꺾인다. 우리는 그다음 단계에서 모든 열정을 쏟을 필요가 있다. 바로 '결정하기' 단계다.

지금 당장 시작하는 기술

시작예술가처럼 결정하기

자, 여기 당신은 관성과 잠재력이 교차하는 지점에 있으며 휴대전화를 멀리 치워뒀다. 당신은 아이디어를 가지고 있으며 이에 대해 충분히 생각했다. 당신은 호기심이 많고 당신의 창작물에 생명을 불어넣고 싶다.

훌륭하다. 이제 가능한 한 빨리 다음 단계를 수행해보자. 다음과 같이 스스로 선언해보자.

"그 아이디어는 가치 있으며, 나는 이것을 시작하겠다."

자, 이제 결정되었다.

이것이 시작예술가가 행동하는 방식이다. 적어도 그들은 이렇게 하는 것 같다. 시작예술가들은 빨리 결정하는 것으로 보인다. 그들은 아이디어를 즐기고 검토한 다음, 이를 실행하기 위한 첫 번째 단계로 어떤 일을 해야 할지에 관한 정보를 아이디어에 덧입힌다. 그리고 적절하다고 판단하면 '시작' 버튼을 누른다. 물론 더 많은 것들이 있다. 이성, 감정, 또한 항상 뒷이야기로 이뤄진 길고 보이지 않는 과정이다.

결정의 순간

한 항공업계 기업이 내가 몸담고 있던 광고 대행사에 미래의 조종사 채용을 위한 광고를 의뢰해왔다. 항공 여행은 증가했지만, 비행 훈련을 받는 사람들의 비율이 감소해 심각한 조종사 부족난이 조짐을 보이고 있었다. 내가 다니던 대행사는 다음과 같은 뻔한 질문을 연구해봄으로써 이 일을 시작했다. 비행은 멋지고 돈도 잘 번다는데 학생들은 왜 훈련에 등록하려고 하지 않을까?

답은 경제적 문제인 것 같았다. 하늘로 날아오르고 싶었던 사람들은 그 꿈이 이룰 수 없는 꿈이라고 판단했다. 그러나 연구에 따르면 사람들이 비용에 대해 잘못 알고 있는 것으로 나타났다. 많은 이가 자가용 비행기 조종사 면허를 취득하는 데 드는 비용이 실제보다 2배 이상 더 들 것이라고 생각했다. 또한 사람들은 대부분 비행 훈련에 2~3년이 걸린다고 생각했다. 하지만 사실은 주말만 이용해 6개월이면 면허를 취득할 수 있다.

우리 회사는 두 갈래의 전략을 세웠다. 1) 사실을 바로잡아 이성적으로 납득시키기, 2) 학생을 조종석에 앉히는 아주 신나는 입문 수업을 진행하는데(강사에게 공동 조종 장치가 있으니 걱정하지 마시라), 이 첫 비행 수업에 할인을 제공해 감정적으로 거래를 성사하기다. 우리는 6월을 전국 비행 학습의 달로 선포하고, 영화 속 슈퍼맨으로 알려졌지만 실제로 비행기 조종사이기도 한 배우 크리스토퍼 리브를 홍보대사로 위촉했다. 터보프롭 엔진을 장착한 파이퍼 샤이엔 비행기의 조종석에 앉은 우상에게 비행을 배우는 일은 재미있고(감정적), 비용이 부담스럽지 않으며 배울 가치가 있다는 현실적인 메시지를 퍼뜨렸다(이성적).

지금 당장 시작하는 기술

나의 주 업무는 언론에 이 이야기를 전달하는 것이었다. 이 일을 시작한 지 몇 달이 지난 어느 날, 나는 언론에 전달할 이야기를 짜기 위해 작은 공항에서 비행 강사와 인터뷰를 하고 있었다. 그 강사에게 질문을 했는데, 그 질문 때문에 내게 비행 경험이 없다는 걸 알아챘는지 강사는 어리둥절한 듯 놀란 표정을 보였다.

"뭐라고요? 안 해봤어요?" 그는 믿을 수 없다는 듯 물었다. 그는 손목시계를 쳐다봤다. "앞으로 1시간 동안은 학생이 없으니까 비행기를 탈 수 있어요." 나는 침을 꿀떡 삼켰다. 그러고는 망설이며 말을 더듬다가 배가 아프다느니 중얼거렸다. 그는 눈치챘다.

인터뷰가 끝난 후 그는 내 차로 함께 걸어가며 무심히 말했다. "이런 일을 하려면 정말로 티켓이 있어야 해요." '티켓'이란 '자가용 비행기 조종사 자격증'을 뜻하는 항공계 은어인데, 그 티켓이란 말이 얼마나 적절한 말인지 납득하기 시작했다. 업계에서 티켓이란 '클럽'에 들어가기 위한 길, 즉 신임과 발전을 얻기 위한 길인 것 같았다. 젊은 여성으로서 나는 이를 진지하게 받아들여 마땅한 일로 여기기 시작했다.

솔직히 이 일을 처음 맡았을 때 나는 직장 상사에게 점수를 따려면 조종사 면허를 취득해야 한다고 생각했다. 하지만 이 생각을 금세 포기했다. 시간과 돈도 물론 문제였지만, 진짜 문제는 두려움이었다. 높은 하늘, 수학, 캔자스의 낮은 돌산에서 길을 잃는 두려움이었디. 물론 실패에 대한 두려움도 있었다.

하지만 날이 갈수록 궁금해졌다. 조종사 면허증이 내 경력에 어떤 도움이 될 수 있을까? 비행을 배움으로써 얻을 수 있는 이점과 하지 않음으로써 생기는 새로운 손실을 상상했다. 두려움이 가라앉으면서 '이걸 할 수 있다고 생각하는 나는 어떤 사람인가?'에서 '이걸 하지 않는다면 나는 어떤 사람인가?'로 생각이 옮겨갔다.

경제학에서는 모든 것의 '진정한 손실'은 기회비용이라고 설명한다. 즉 그렇게 하지 않았더라면 똑같은 시간, 돈, 힘을 들여서 얻을 수도 있었을 이익을 말한다. 우리는 이 원칙을 들어 학생들에게 꿈을 좇으라 설득했고, 이제는 이 원칙이 내 의사결정 과정에 스며들고 있었다.

그 주가 끝나갈 무렵, 나는 직장 상사와 이야기를 나눴다. 그는 내 수업료의 일부를 지원하고 항공 학교에 갈 수 있도록 휴가를 주는 데 동의했다. 경제적 계산이 달라졌다. 비행을 배우지 않기로 하는 데 드는 비용이 수업을 듣는 데 드는 비용보다 더 커졌다. 쉽게 결정할 수 있었다. 나는 조종사 면허를 따기로 결정했다.

사람들이 "이럴 줄 알았더라면 시작하지도 않았을 텐데"라고 하는 말을 들어봤을 것이다. 일반적으로 이렇게 말하는 사람들은 어떤 일을 시작한 것을 후회한다고 말하지 않는다. 모든 사실을 다 알지 못했던 게 차라리 다행이라고 말한다. 그랬더라면 다른 결정을 내렸을 것이기 때문이다.

이것이 내 비행 수업에서 일어난 일이다. 나는 비행 수업에 6개월이 소요된다고 한 내 조사 자료를 믿었다. 6개월이면 여자는 뭐든 할 수 있지 않은가? 그런데 결국은 2년이 걸렸다! 내 여행 일정이 교육 일정에 차질을 빚었다. 수업 자료 챙기는 것을 잊어버리고, 항공학교 수업에 빠지고, 수업을 세 번이나 다시 듣고, 강사도 두 번이나 바뀌었다. 하지만 옳은 결정이었다. 2년이나 걸릴 거라고 알지 못해서 다행이었다. 알았더라면 미래의 나 자신이 이 일을 해낼 수 있을 거라고 당시에는 믿지 못했을 것이다.

큰 결정을 내리기에 앞서 우리와 상의하는 사람은 바로 미래의 자신이라는 것을 기억하자. 우리는 미래의 자신에게 약속을 지킬 수 있을지 묻는다. 금요일 밤늦게까지 그림을 그리면 토요일 아침에 어떤 기분이 들지, 오늘 시작한 급류 래프팅 스포츠 회사를 오래 운영할 수 있을 만큼 10년 후에도 건강할지를 묻는다. 우리를 이끈 어떤 목적, 이것이 생각을 행동으로 옮기기 시작할지 말지 결정하는 데 도움을 준다.

모든 걸 종합해보자. 좋은 결정은 이성과 감정 사이의 복잡한 대화와 대결 사이에서 나온다는 것은 분명하다. 따라서 우리가 아이디어를 행동으로 옮길지 말지 결정할 때 다음과 같은 과정을 거칠 것이다.

우리가 만들어낼 미래의 창작물에 어떤 감정을 느낄지 예측함으로써 감정적인 부분을 수행한다. 이 창작물과 함께할지, 이 창작물을 사랑할지, 이 창작물에 분개할지 등을 말이다. 경고하자면, 미래의 우리 자신은 아무것도 모른다. 지금 느끼는 것과 비슷한 감정을 느낄 거라고 예상만 할 뿐이다. 우리가 샌드위치를 먹고 1시간 후에 다시 묻는다면 답은 달라질 수 있다.

창작물을 창조하는 데 드는 진정한 비용을 저울질해봄으로써 합리적이고 이성적인 부분을 수행한다. 하지만 이는 우리가 다음을 정확히 아는 경우에만 가능하다.

- ✓ 우리의 창작물은 어떤 모습이며, 그 창작 과정이 우리에게 어떤 영향을 미칠 것인가?
- ✓ 그 일을 하지 않는다면, 그 일을 하는 데 들었을 시간과 에너지를 어떻게 사용할 것인가?

그러나 우리는 이런 것들을 알 수 없다.

자, 여기 한 아이디어가 찾아와서는 우리를 열망하게 하고 궁금해하게 만든다. 이것을 시작하지 않는 것은 후회, 알 수 없는 가능성, 그랬다면 어땠을까 하는 평생의 궁금증 같은 손실을 낳는다. 우리는 미래의 자신을 믿을 수 없고, 우리의 창작물에 얼마큼의 비용이 들지 알 수 없으며, 자기 자신이 만든 조사 자료도 믿을 수 없다.

오직 답은 하나뿐이며, 이는 다행히 훌륭한 답이다. 바로 아이디어와 창의적인 과정을 신뢰하기로 결심하는 것이다. 두려워하지 않아도 된다. 기억하자, **일단 그냥 시작하기로 결정하는 것이다.**

또한 자신의 아이디어를 행동으로 옮기기로 결정하는 것과, 예를 들어 비행 수업을 듣기로 결정하는 것 사이에는 큰 차이가 있다. 전자는 우리가 자기 자신의 창작물과 함께 정말로 조종석에 앉는 것이다. 우리는 실시간으로 우리의 창작물을 현실에 맞게 재단하고,

창작 과정을 거치며 그 일을 미래의 우리 자신에게 조금씩 넘겨준다. 일부 시작예술가들은 이 과정을 매우 신뢰해 실제로 자신의 아이디어가 결정을 내리게 둔다.

기업가이자 요리사인 사람이 말했다. "아이디어가 강력하게 떠오르거나 내가 생각했던 어떤 것에 반응을 보일 때, 그 아이디어는 곧바로 결정됩니다. 아, 잠시 멈춰서 '내 마음 점검'을 해보긴 하겠지만, 할지 말지에 관한 큰 고민을 거치지는 않고, 어떻게 하면 가장 잘해낼 수 있을지를 살펴볼 뿐이죠."

시각예술가가 말했다. "때때로 저는 신으로부터 영감을 받은 것 같은 아이디어나 오랫동안 열망하던 답을 얻게 되는데요. 그러면 깊이 생각할 필요가 없어요. 하겠다는 결정은 이미 과거에 끝났습니다. 제 일은 세부적인 일들을 해나가는 것이죠."

포도밭 주인이 말했다. "제 마음은 뭐가 가치 있는지 잘 알고 있어요. 행동으로 옮길 가치가 없는 아이디어를 주지 않죠. 일단 아이디어가 머릿속에 불현듯 떠오르면 당장 달려 나가죠!"

무언가 옳다고 생각하면 시작예술가는 어떤 상황에서도 "예"라고 답한다. 모든 아이디어를 시작할 수는 없다. 하지만 우리는 걱정은 덜고 더 빠르게 시작하기로 결정할 수 있다.

시작예술가는 이렇게 결심한다.
✓ 아이디어와 창의적인 과정을 신뢰하기로
✓ 미래의 자신에 내기를 걸기로

- ✓ 호기심으로

- ✓ 앞으로의 시간을 어떻게 보내고 싶은지 알고 있으므로 순간순간을 어떻게 보낼 것인지

- ✓ 아이디어를 행동으로 옮기는 데 드는 실제 비용을 관리할 수 있을 것이라 확신하면서

- ✓ 연습을 통해 더 잘, 더 빠르게

- ✓ '예'로 향하기로

지금 당장 시작하는 기술

결정을 시작하기

15~25분

1. 어떻게 결정할 것인지 정하자

먼저, 결정의 규칙을 작성해라. 아무리 바쁘더라도 자신이 취할 행동과 아이디어에 "예"라고 대답할 수 있을 만한 감정적 기준을 설정해라.

예) 아이디어가 흥미롭고/신나고/성취감을 주고 <u>(목표/기준)</u>(한)다면, 나는 다음과 같이 할 것이다.

- 시작해도 좋다고 말하기(시간표 추가하기)
- 이에 대한 일기 쓰기(시간표 추가하기)
- 내 아이디어 목록에 추가하기

이 페이지로 자주 돌아와 규칙을 업데이트하고 추가해라. 우리의 결정 규칙은 바뀌기 마련이다.

2. 최고의 아이디어로 새로운 규칙을 쓰자

이전에 생각했던 아이디어로 돌아가 새로운 기준을 적용해라. 이 아이디어는 시험을 통과하는가? 흥미진진한가? 여전히 "예"라고 말하기가 두려운가? 이 아이디어가 규칙을 수정하고 싶게 만드는가? 자신의 감정을 써라. 이것이 바로 통찰력이 발휘되는 순간이다.

3. 아이디어에 "예"라고 답했다면 자신의 결정을 선언하자

새 페이지에 자신이 어떤 노력을 하고 있는지 설명하고 행복한 외침과 이모티콘을 써넣어라. 색연필로 작성해도 좋다.

나는 <u>(무엇/언제/어떻게)</u> 시작할 것이다!
나는 신난다. 왜냐하면 _____(이)기 때문이다.

시작예술가처럼 행동하기

우리가 찬양하는 예술가들이 자신의 창작물을 위한 첫 번째 행동을 취하는 과정을 보면 놀랄지 모른다. 아마도 우아하거나 체계적인 과정으로 보이지 않을 것이다. 마찬가지로 예술가들 또한 한 손에는 물음표를, 다른 한 손에는 지우개를 들고 움직인다. 하지만 그들은 행동한다. 시작예술가들은 시작하는 게 행동처럼 느껴진다는 것을 알기 때문이다.

시작예술가는 일단 아이디어를 실현하기로 결심하면 신속하고 대담하게 행동하지만 불완전하기도 하다. 시작예술가는 종종 준비가 되기도 전에 또 무엇을 먼저 해야 할지 확신이 서기도 전에 행동에 뛰어든다. 그러기에 엉망이고 서투를 수 있다.

새로운 아이디어를 위해 첫 번째로 취할 좋은 행동은 무엇일까? 여기 한 가지 테스트가 있다. 자신이 취한 첫 번째 단계로 자신이 움직이고 있으며, 무엇을 만들고 있다는 기분이 드는가? 아니면 어떤 서식에 맞게 내용을 채워넣는 느낌인가? 아니면 허가를 기다리거나 페인트가 마르길 기다리는 것 같은가?

첫 행동이 다음 행동을 부르기 때문에 대담하게 행하는 것이 좋다. 화가여, 당당한 붓놀림을 행하라. 작가여, 치고받는 극적인 대화를 써라. 기업가여, 첫 고객으로 큰 고객을 목표해라. 발명가여, 레고로 시제품을 만들면 어떤가? (발명가는 무엇을 하는지 모르겠다.)

시작을 먼저, 계획은 나중에

시작예술가에게 가장 큰 장애물은 계획이 필요하다고 생각하는 것이다. 계획 세우기는 훌륭한 일이다. 큰 계획을 세워야 한다. 하지만 계획이 많은 것을 줄 거라고 기대하지 마라. 시작예술가는 이미 알고 있듯 계획은 재미있지 않다. 지루할 뿐이다. 물론 계획은 혼란한 시작에 질서를 가져오지만, 계획은 우리에게 구조와 확실성을 주는 대신 호기심과 즉흥성, 추진력을 빼앗는다.

다작하는 시작예술가는 계획을 느슨히 세우고 도중에 변경한다. 사실 대부분은 먼저 시작하고 나중에 계획한다고 한다. "계획은 실행하기 시작하는 순간 변경됩니다. 일이 진행되기 전까지는 어떤 계획도 신뢰할 수 없습니다. 일단 시작하면 알아봐야 하는지도 몰랐던 것들을 발견하게 될 거예요. 아직 일을 배치받지 않은 직원, 준비되지 않은 기술 응용프로그램, 또 가장 일반적인 것으로는 시장과의 단절 같은 것 말이죠." 계속해서 새로운 사업을 일으키는 연쇄 기업가가 말했다.

계획에 더 많은 시간을 할애하고 계획을 더 신성하게 여길수록 계획에서 벗어나기 힘들고, 그 과정을 창의적으로 유지해내기가 더 어려워진다.

시작을 더 많이 하게 될수록 우리는 단순히 자신만의 시작 과정을 믿어야 한다는 것을 배우게 된다.

어떤 시작예술가는 절대 계획을 세우지 않는다

몇몇 시작예술가는 자신의 과정을 굉장히 신뢰하고 전혀 계획을 세우지 않는다.

다음을 상상해보라. 당신의 직업이 농담과 노래를 만드는 것이라면 어떨까? 이는 큰 압박이다. 그렇지 않은가? 또한 새로 시작하는 공연에서 즉흥적으로 농담과 노래, 춤을 만들어야 한다면 어떤 것을 더 만들어야 할까? 더 나아가 실시간으로 전 청중 앞에서 이 모든 작업을 수행해야 한다면 어떨까? 계획도, 대본도 없이 말이다. 그리고 잠깐, 깜빡하고 못 한 말이 있는데 당신은 이 일을 몇 주 동안, 가끔은 매일 밤 계속해서 되풀이해야 한다. 또한 매번 다른 걸 만들어내야 한다.

이것이 뮤지컬 즉흥연기자 애슐리 워드, 에리카 엘람, 네이선 얀센, 앨 새뮤얼스가 하는 일이며, 우리는 모두 그들이 가진 시작예술가적 허세를 약간씩은 가질 필요가 있다.

내 딸 테스가 에든버러 페스티벌 프린지(매년 8월 스코틀랜드의 에든버러에서 수천 개의 쇼가 열리는 축제로 시작예술가적 활동의 폭발과 같다)에서 이름을 날린 극단인 베이비원츠캔디Baby Wants Candy의 제작팀 팀원으로 일할 때 뮤지컬 즉흥연기에 대해 알게 되었다. 나와 딸이 그 극단을 방문하기 6년 전, 즉 코로나바이러스 대유행 직전까지만 해도 그들의 공연은 항상 매진이었다.

우리는 누군가 공연을 마쳐야 할 시간을 어기고 계속 이어나가는 바람에 〈해리포터와 비아그라의 잔〉[6]의 표를 구하게 되었다. 그런 제목의 공연이라면 보지 않았을 텐데 공연장에 도착할 때까지 공연 제목이 무엇인지 몰랐다. 베이비원츠캔디의 공연은 청중이 공연 제목을 정함으로써 시작되기 때문이다. 공연 제목은 예를 들자면, (실제 공연 제목이었다) 〈드래곤 여성 비하하기〉,[7] 〈핸드메이즈 스네일〉,[8] 〈섹스 토이 스토리〉[9]와 같으며, 또 내가 제일 좋아하는 제목은 〈월마트에서 애 낳기〉[10]다.

쇼는 다음과 같이 시작되었다. 한 출연진이 청중에게 공연 제목을 외쳐달라고 하고, 그 출연진은 처음에 나온 세 가지 아이디어를 가지고 박수로 투표에 부친다. 그 후 5초간 불이 꺼진 뒤 장내 아나운서는 우렁차게 알린다. "신사 숙녀 여러분, 베이비원츠캔디 극단은 아쉽게도 오늘 〈해리포터와 비아그라의 잔〉의 첫 공연이자 마지막 공연을 선보입니다." 불이 켜지고 즉흥연기자들이 무대에 새로이 자리 잡으며 공연이 시작된다. 천재적인 밴드인 Yes bAND, 5명의 즉

---

6 영화 〈해리포터와 불의 잔Harry Potter and the Goblet of Fire〉을 패러디한 공연 제목 〈Harry Potter and the Goblet of Viagra〉. ─옮긴이

7 영화 〈드래곤 길들이기How to Train Your Dragon〉를 패러디한 공연 제목 〈How to Slut Shame Your Dragon〉. ─옮긴이

8 소설이자 드라마 〈시녀 이야기The Handmaid's Tale〉를 패러디한 공연 제목 〈The Handmaid's Snail〉. ─옮긴이

9 애니메이션 영화 〈토이 스토리Toy Story〉를 패러디한 공연 제목 〈Sex Toy Story〉. ─옮긴이

10 미국 최대 유통업체인 월마트Walmart는 미국인의 삶에 깊숙이 들어온 만큼 별의별 일이 다 일어난다. 그래서 이런 이름이 붙여졌으며, 실제로 여성이 월마트에서 아이를 출산했다는 소식이 미국 내에서 보도된 적도 있다. ─옮긴이

흥연기자가 뮤지컬 감독의 정확한 신호를 받아 극의 줄거리를 만들고 웅장한 뮤지컬 피날레를 선보이며 이야기를 창작했다. 공연을 보는 내내 설명할 수 없는 것을 설명하기 위해 숨겨진 선이나 홀로그램이 있는지 찾아보게 되는 마술쇼에 온 것 같았다.

공연 다음 날, 나는 몇몇 즉흥연기자와 함께 자리해 어떻게 공연을 하는지 물었다. 모든 장면, 모든 노래가 어떻게 시작되는 것인지, 모든 것이 아무런 사전 준비 없이 진행되는 것인지 아니면 숨겨진 진행 지시 카드가 있는 것인지 물었다. 아니었다. 커닝 쪽지는 없으며 무선 이어폰으로 누군가 대사를 말해준 것도 아니라고 배우들은 말했다. 누군가 그냥 시작하는 것이다.

"한 사람이 앞으로 나서서 어떤 말을 하면 공연은 시작돼요." 출연진인 애슐리가 말했다. 노련한 즉흥연기자인 그녀에게 이는 쉬워 보였다. 그러나 총괄 프로듀서인 앨은 애슐리가 프로며, 이는 그녀의 시작예술가적 기질에서 나온 대답이라고 했다.

"배우는 청중이 선택한 공연 제목을 받아들여야 하며, 우리가 '제안'이라고 부르는 것을 해야 하죠." 앨이 말했다. 그 제안이란 단호히 내려야 하는 한 줄의 대화 또는 가사의 선택이다. 그 결정이 공연을 시작시킨다. 그렇게 앞으로 45분 정도 출연자들은 청중을 웃게 할 기회를 엿보다 그 기회를 잡고 음악적으로나 코미디적으로 이야기를 짠다.

음악 감독은 책임자 격의 시작예술가다. 그는 공연의 템포와 음악의 흐름을 설정한다. 재치 있는 응답을 랩으로 바꿔내거나 캐릭터

지금 당장 시작하는 기술

들 간에 어색한 순간이 찾아오면 사랑의 노래를 틀어 분위기를 달래는 것과 같이 음악적으로 아이디어를 줄 만한 기회를 엿본다.

베이비원츠캔디의 공연 〈뮤지컬 세라 페일린〉[11]에서 북극곰 1마리는 세라 페일린의 상상의 문을 두드리고는 극 중 연인이 된다. (세라 페일린을 연기하는 에리카는 심한 알래스카 사투리로 말한다.) 음악이 울려 퍼지고 누군가 '재미fun'와 '총gun'으로 운율을 맞추더니, 순식간에 북극곰이 죽고 전체 출연진이 브로드웨이 스타일의 음악 〈누가 세라 페일린을 사랑하는가?〉에 맞춰 일제히 노래를 부르며 춤을 춘다. (참고로, 이 음악에 〈알잖아, 주노지!〉[12]라는 뮤지컬 음악으로 화답한다.) 그 노래는 화합이 돋보이는 음악을 사용해 속사포같이 빠르게 펼치는 일련의 로맨스와 정치적인 이야기를 훌륭히 묶어낸다.

즉흥 뮤지컬이 시작되면 그 공연에서 자신의 역할을 어떻게 시작할지는 각 연기자에게 달려 있는데, 보아하니 연기자들은 시작하기에 앞서 공연을 성공적으로 이끌 첫 대사를 궁리하는 것으로 보인다.

"제일 처음으로 무엇을 하는지는 중요하지 않아요. 그냥 무엇이든 해야 해요. 바로. 과감하게." 에리카가 말했다. "시작은 한순간에

---

11 Sarah Pailn. 미국의 정치인. 공화당 소속으로, 주요 정치 경력으로는 알래스카주의 와실라시 시장, 알래스카주 주지사를 지낸 바 있으며, 2008년 미국 대통령 선거에서 존 매케인 대통령 후보의 부통령 후보로 지명되었으나 낙선했다. —옮긴이
12 〈주노Juno〉는 10대 소녀의 임신과 출산을 다룬 영화다. 세라 페일린이 미국 부통령 후보였을 때, 그녀의 결혼하지 않은 17살 딸이 임신 5개월 차라는 것이 밝혀져 논란이 되었다. —옮긴이

결정돼요. 그러면 이는 우리가 앞서 했던 것들을 가지고 이제 무엇을 하느냐 하는 문제가 되죠."

"어떤 대사가 옳고 가장 좋은지 답이 있는 것처럼 하면 안 돼요. 일단 입 밖으로 내고 나면 뒤늦게 이러쿵저러쿵 생각해볼 수도 없고요." 네이선이 말했다.

"**또한 주저해선 안 돼요.** 어떤 장면에서 정말 좋은 대사가 나오기만을 기다리고 있다면, 그 장면에 그 사람은 없는 셈이죠." 그가 말했다. "즉흥연기는 정답을 연기하는 게 아니라 그냥 하는 거예요." 애슐리가 말했다.

즉흥연기자들의 상관인 앨은 이것이 모두 사실이라고 말했다. "완벽한 선택이란 없습니다. 하지만 어떤 선택보다 나은 다른 선택이 있죠. 또한 확실히 나쁜 선택, 즉 상황을 진전시키지 못하는 선택이 있습니다." 앨이 말했다.

"그렇지만 위험부담은 정말 낮아요. 뭔가를 시도했는데 잘 풀리지 않는다면, 다음에 다른 걸 시도하면 돼요. 잃을 게 뭐가 있나요?" 애슐리가 말했다.

뮤지컬 즉흥연기는 첫 번째 행동을 취하는 데 최상급자용 과정이다. 대본 없이 진행되지만 즉흥연기자에게 어떤 목표와 방향이 없는 것은 아니다. 그들은 명확한 목표를 가지고 무대에 선다. 목표라 하면 장면을 이어나가고 줄거리를 만들고 노래를 만드는 것이다.

즉흥연기자들은 공들인 계획과 리허설이 아니라 수백 가지의 시작예술가적 행동으로 마법을 만들어낸다. 다음과 같은 뮤지컬 즉

홍연기자들의 신조로 많은 것을 배울 수 있다.

✳ 그냥 "예, 그리고"라고 말해라

이것은 합의된 규칙이다. 자기 자신이나 어떤 것을 함께 시작하는 사람들과 논쟁 없이 시작되는 법은 없다. 일단 시작하기로 결정했다면, 모든 단계에 "예, 그리고"라고 말해라. 확신하고 앞으로 나아가라. 뒤늦게 이러쿵저러쿵 생각해보는 것은 아무 소용도 없다. 자신의 아이디어에 "예, 그리고"라고 말해라. 첫 번째 행동에 "예, 그리고"라고 말해라.

✳ 말하지 말고 보여줘라

행동을 취해라. 시작에 대해 말하지 말아라. 시작한 것을 보여줘라. 자신만의 색깔을 가지고, 구체적이고, 적극적인 결정을 내려라.

✳ 실수란 없다

좋은 아이디어 또는 나쁜 아이디어란 없다. 선택은 그 어떤 것에서든 비롯될 수 있다. 예를 들어, 겉으로 보기에는 별것 아닌 대사에서 최고의 코미디가 만들어질 수 있으며, 잘못 둔 수가 웃긴 반응을 불러일으킬 수 있다. 둘 다 아주 성공적으로 보일 것이다.

✳ 그 순간에 머물러라

창작하는 것은 미래의 결과를 위해 일하는 걸로 보일 수도 있지만, 실제 행동은 오직 현재에만 일어나는 일이다. 행동하는 자가 누구인가? 상황이 어떠한가? 현재 주어진 것으로 어떻게 발전해나갈 수 있는가?

즉흥 코미디는 굉장히 놀랍다. 하지만 세세하게 모든 공연을 기획하는 스탠드업 코미디언도 먼저 시작해서 공연의 소재를 만들어나간다고 한다. 농담을 어떻게 시작할지는 미리 쓰지만 일단 무대에 올라서 풀어나간다. 또한 무엇이 먹히는지, 무엇이 실패하는지, 또 무엇이 다음 재밌는 아이디어로 이어질지를 찾아낸다.

시작예술가는 이렇게 행동한다.

✓ 빠르게

✓ 호기심으로

✓ 우리가 아직 두려워하고 있을 때

✓ 다음에 무엇을 할지 확신하기도 전에

✓ 대부분 계획과 물자, 부대 비용 없이

✓ 자신이 알고 있는 것보다 더 많이 알고 있는 것처럼

✓ 다음 행보가 알아서 드러나게 된다는 기대감과 함께

행동을 시작하기

5~20분

1. 아이디어를 명확히 하고 그것에 전념하자
휴대전화와 일기장, 노트북을 챙겨라. 우리 대부분은 뇌의 절반을 그곳에 보관하고 있을 테니 말이다. 일어나 기지개를 켜라. 좋은 장소로 이동해라. 일을 해낼 수 있는 책상이 되어주는 장소로 가라. 물 한 잔을 가져와라.

미술 도구를 좋아한다면 색연필, 매직펜, 물감, 붓을 챙겨라. 이제 72쪽에서 시작한 아이디어로 이동해라. 이는 당신의 일기장에 있다. 만들었던 파일을 기억하는가? 거기에 재밌는 이름을 붙여주기도 했다.
다른 아이디어로 마음을 바꿨는가? 좋다! 그럼 그 아이디어를 사용하자.

2. 첫 단계를 결정하자
그 아이디어를 당장 시작할 수 있다며 제시한 방법을 들여다보라. 다음을 기억하자. "이미 가지고 있는 것으로 프로젝트를 시작할 수 있는 세 가지 방법을 나열해라."

예) 스케치 연작, 협업 회의, 개요, 파트너 목록

먼저 어떤 행동을 취할지 결정하고 실행해라! 아이디어가 시각적인 것이라면, 시각적인 작업을 해라. (달력에 '그림 그리기'라고 적어넣었다고 그림 그리기를 시작하는 것이 아니다.) 아이디어가 글쓰기와 관련 있다면, 개요나 일정뿐만 아니라 무언가를 써라. 첫 줄이나 첫 단락, 대화, 또는 서론을 작성해라. 사람들을 불러모을 필요가 있는 아이디어라면, 누군가에게 전화를 걸어 일정을 잡거나 목록, 명단 또는 구상 중인 참여자 프로필을 작성해라.

신난다! "정말 좋아요. 이걸 해보죠!"라고 당신의 아이디어가 말하는 것만 같다.

3. 시작을 단단히 정박해두자

더 많은 행동을 투자하고 무언가를 남겨두라. 당신이 여기 있다는 증거와 앞으로 계속 나아가야 한다는 부담감을 남겨두라는 것이다. 달력에 다음 단계를 추가해라. 새로운 프로젝트를 하는 시간을 갖기 위해 중요하지 않은 일은 취소해라. 그림을 그리거나 사진을 찍거나 친구에게 문자를 보내 당신이 이미 시작했다고 말해라.

4. 다음 단계의 일정을 잡아두자

당신은 시작했다! 아마 그전에도 여기까지 온 적이 있을 것이다. 당신의 뇌에 '이번에는 진짜야'라고 말해라. 행동으로 그리고 곧 다시 시작하기로 약속함으로써 이번에는 진짜가 되게 해라. 내일? 오늘 중에? 달력에 적어두고 모든 걸 알람으로 설정해 성가신 알람이 울리게 해라. 이미 시작되어 일이 일어나고 있다.

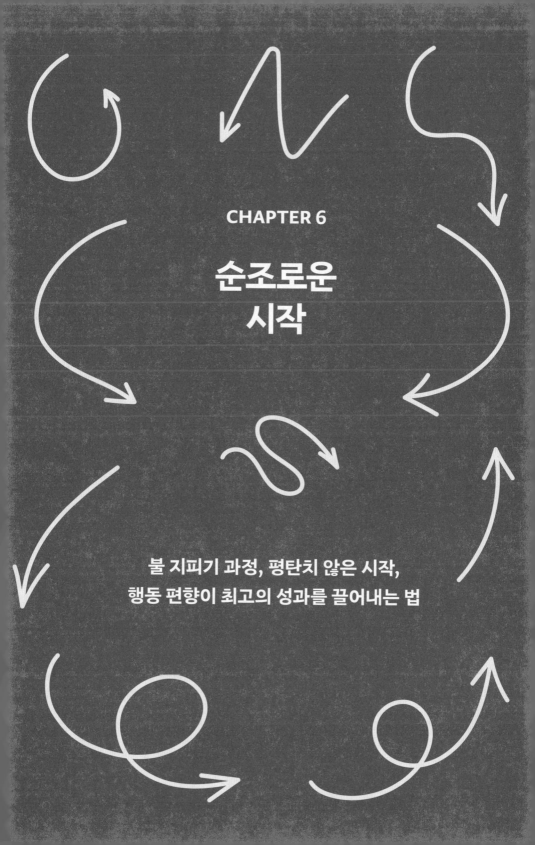

CHAPTER 6

순조로운
시작

불 지피기 과정, 평탄치 않은 시작,
행동 편향이 최고의 성과를 끌어내는 법

아이디어를 행동으로 옮기기로 결정했다면 가능한 한 가장 비형식적인 방식으로 아이디어의 형식을 갖추는 것이 좋다. 나는 이것을 차이니스 핑거 트랩[1]을 만난 따스한 포옹이라고 생각하고 싶다. 아이디어를 가지고 앉아서 이렇게 협상한다. "내가 왔을 때 네가 나타난다면, 내가 그 일을 할게."

아이디어는 항상 나타난다.

---

1 Chinese finger trap. 장난감과 손가락으로 하는 중국 놀이. 손가락 굵기의 원통형 물체 양쪽에 두 사람이 각자 손가락을 끼우고 난 뒤, 놀이의 희생양인 사람은 통에서 손가락을 바깥쪽으로 힘을 줘 빼려고 하는데, 그렇게 하면 손가락이 절대 빠지지 않는다. 오히려 원통의 중앙으로 손가락을 부드럽게 밀어 넣으면 손가락이 자연스럽게 빠지게 된다. 이는 일상에서 역설 또는 이완의 지혜를 뜻하는 비유로 쓰인다. —옮긴이

싫증 난 아이디어가 나타날 수도 있다. 2년 전에 썼던 종잇조각처럼 접히고 빛바랜 아이디어가 나타날 수도 있다. 그러나 일반적으로 아이디어는 하루 종일 우리를 보지 못했던 골든리트리버가 우리를 발견한 듯 나타날 것이다. 우리가 여기 있다는 게 너무 좋아서 미친 듯이 얼빠진 채로, 우리가 할 일을 보게 되길 기대하면서, 무조건적인 기쁨과 기대로 말이다.

우리의 일은 일을 시작하는 것이다. 아이디어가 나타나기 위해서 냉수를 마셔서 정신을 바짝 차리고, 도움이 필요할 때 도움을 요청해라. 첫걸음을 내디디고 기회를 잡기 위해서 말이다.

이를 어떻게 해내야 할지에 관한 단계별 지침과 자세한 체크리스트가 필요하다고 생각할지 모르겠다. 또는 구체적인 질문에 대한 대답 같은 것이 필요할지도 모르겠다.

"시작을 어떻게 하지?" 나는 어디에 앉지? 얼마나 걸릴까? 혼자 해야 하나? 언제 중요해지지? 나는 어떤 기분이 들어야 하는 거지? 누구한테 말하지? 어떤 소프트웨어가 가장 좋을까? 옥스퍼드 쉼표를 써야 하는 건가?

앞서 우린 부분적으로 이에 대한 답을 찾았다. "너무 많이 생각하지 마라." 당신이 시작하고 싶은 일이 책이라면, 컴퓨터에서 새 문서를 열어 몇 가지 단어를 쓰고 매일 문서를 열어 새로운 단어를 추가하기로 결심해라. 동네 대청소 행사라면, 주소록에 있는 이웃들에게 초대장을 작성해 보내고 초대해라. 그리고 쓰레기봉투를 사라. 그림이라면, 캔버스와 물감을 방 한곳에 두고 캔버스에 물감을 칠해

라. (때때로 어떤 사람에게 이건 굉장히 어려운 일일 수 있다. 우리는 우리가 누군지 잘 안다.) 첫 번째 단계는 창작물에 따라 다를 수도 있지만, 일반적으로 간단하고 명확하다.

당신이 진정으로 바라는 것은 성공했다는 느낌이 들게 해주는 어떤 과정이다. 즉 우리가 쉽게 또 자주 시작할 수 있고, 신뢰할 만한 결과를 가져다주는 반복적인 피드백이다.

그렇다면 "시작을 어떻게 하지?"에 대한 두 번째 답은 다음과 같다. **자신에게 맞는 과정을 구축해라.** 당신이 기대했던 기성품 같은 체크리스트가 아니지만, 당신 안의 완벽주의자도 당신의 아이디어, 능력, 사용 가능한 공간, 직업적 요구, 생체리듬, 또한 반려동물의 낮잠 시간을 고려해 자신만의 특별한 시작 과정을 만들어나가는 것이 아주 가치 있는 일이라고 깨닫게 될 것이다.

다른 사람들은 어떻게 하는지 알아봄으로써 시작해보자. "어떻게 시작합니까?"라고 물을 때 시작예술가들은 질서 잡힌 작업 활동부터 창의적인 무질서 상태에 이르기까지 모든 것에 대해 말한다.

나는 한 드레스 디자이너를 만났다. 그 디자이너는 가지고 있던 비싼 천 일부를 갈기갈기 찢어서 만든 옷으로 새로운 패션 브랜드를 출시했다. 그는 멋진 의복, 끝이 다 닳아 해진 천 등을 마네킹 위에 조각조각 이어 붙였다. "이것은 흘러넘치는 창의력의 정수이며, 그 천이 매우 소중한 천이라는 사실을 내가 잊어버리게 한다." 디자이너가 말했다. 초라하게 시작했던 그 마네킹은 이제 가게의 상징이 되어 가게 앞 유리창 너머에 진열되었다. 그 디자이너는 문제(값비싼 천을 소중히 여기는 것)와 목표(개방적이고 자유분방한 디자인)를 알고 있었다. 그래서 이에 맞게 과정을 설계했다.

이 과정은 진지하게 여겨질 필요가 있다. 그래서 나는 이 중요도에 걸맞게 최초로 어떤 행동이 일어나는 일을 '불 지피기 과정'이라고 부른다. 이 과정은 '앞치마를 두르고, 붓을 물감에 담그기'와 같은 2단계 의식 절차부터 계획되고 연출된 본격적인 작업 과정에 이르기까지 모든 것을 아우른다. 다음은 몇 가지 다른 예다.

정해진 시간에 사무실이 아닌 곳에서 시작

"프로젝트에 '진행' 신호가 뜨면 시작할 날짜와 시간을 설정해요. 일반적으로 많은 시간이 들죠. 회의실, 커피숍, 또는 식탁에서 시작합니다. 절대 책상에서 시작하지 않아요."

— 조세피나(프로젝트 매니저)

다른 작곡가와 일정을 맞추는 것으로 시작

"저는 협업할 때 가장 잘한다는 것을 알게 된 이후로 다른 작곡가들과 2시간 동안 함께 '작곡'하는 일정을 잡게 됐어요. 이곳 내슈빌에서는 흔한 일이죠. 전날에는 시를 읽고, 음악을 듣고, 주제, 브리지, 코러스에 관해 메모해요. 몇 가지 아이디어를 가지고 작곡가를 만나지만, 저는 다른 의견에 열려 있고 동료 작곡가가 생각해 온 것을 바탕으로 아이디어를 발전시켜나가요."

— 테이트(작곡가)

지금 당장 시작하는 기술

방해받지 않아야만 시작

"전 주위를 깨끗이 유지해야 해요. 깨끗한 사무실과 이메일 수신함, 엄마의 전화, 누군가 제 아이들을 돌봐주는 걸 좋아해요. 저의 창작물은 삶을 더욱 복잡하게 만들기에 제겐 모든 게 제 통제하에 있다는 느낌이 중요해요. 그래야 일을 미루지 않으니까요."

— 크리스(지역사회 지도자)

예술 작품으로 시각화한 새로운 요리 만들기

"밝은색의 식물성 요리를 원하면 초록색을 떠올리게 될 거고 이를 위해 초록색 식재료를 찾을 겁니다. 콜리플라워를 주재료로 하는 요리를 하고 싶다면 소스는 대조적인 색이나 보색으로 할 거예요. 요리책을 보는 것은 저만의 의식이죠. 저를 흥분시키고 제가 잊고 있던 기술을 상기시켜줍니다."

— 닉(요리사이자 예술가)

조사함으로써 시작

"강연이나 기사로 만들 만한 아이디어가 떠오르거나 결정이 나면 제가 취하는 첫 번째 단계는 조사입니다. 여기저기 파고들고 푹 빠져들어서는 다양한 정보를 흡수해요. 저는 제가 배운 내용이 저를 지휘하도록, 제게 동기를 부여하도록 하지 절대 제가 후퇴하도록 내버려두지 않습니다."

— 라니아(포용적 리더십에 대한 연사, 작가, 전문가)

영감이 떠오를 때 시작하기를 좋아함

"편집자가 시의성이 요구되는 풍자글을 의뢰했을 때 집에 가는 택시 안에서 글을 썼어요. 가끔 제 본업으로 진행되는 프로젝트를 하기 위해 커피숍에 가는데, 주변에서 일어나는 일에서 영감을 받아 재밌는 글을 쓰게 되죠."

― 세이디(유머 작가)

시작을 더 잘하고 싶다면 어떻게, 어디서, 또는 누구와 함께하면 좋을지를 알아보자. 그런 다음 자신만의 과정과 믿을 수 있을 만한 불 지피기 과정을 만들어라.

언제 시작되는가?

이 시점에서 아마 '실제로 무언가가 시작되는 시기는 언제지? 단순히 아이디어였던 것이 언제 진행 중인 과정으로 발전하게 되는 거지?'라고 물을 수 있겠다.

바로 여기서 까다로워지는데, 한 사람의 시작 단계가 다른 이에게는 회피책이 될 수 있기 때문이다. 창작 활동은 심리적 조종이다. 그렇기에 우리는 무엇이 시작되고 있는지, 또 다른 것은 어떠한지에 대해 자기 자신에게 솔직해짐으로써 이에 정면으로 대응해야 한다.

말하기, 조사하기, 계획하기를 예로 들어 살펴보자. 이것들은 행

지금 당장 시작하는 기술

동하기 단계일까 아니면 '생각하기' 단계로 되돌아간 것일까? 아니면 우리는 사실 일을 미루며 질질 끌고 있는데 똑똑해 보이고 시작예술가적인 기분이 들도록 그저 애쓰고 있을 뿐인가? (손 번쩍. 많은 경우 모든 혐의에서 유죄다.)

시작인 것

✓ 피드백이나 도움을 받기 위해 이야기 나누기

✓ 일정을 조정하고 자원을 배치하기 위해 계획하기

✓ 영감을 찾고 명확히 이해하기 위해 조사하기

시작이 아닌 것

✓ 자신이 가진 아이디어로 사람들에게 깊은 인상을 남기고자 이야기하기

✓ 모든 것이 완벽하고 또 완벽할 때까지 미루고 계획만 짜기

✓ 전에 누군가 이 작업을 한 적 없는지 확인하고자 조사하기, 비용이 너무 많이 들고 또 점심시간에 맞춰 끝내기에는 너무 일이 크므로, 자신의 아이디어는 실행할 가치가 없다는 증거를 찾기 위해 조사하기

진짜 행동은 회피가 아니라 행동처럼 느껴진다. 우리가 아이디어에 많은 시간을 할애했는데 이를 상상했던 날과 다르지 않게 아직 실현되기까지 한참 멀었다면, 시작이 순조롭지 못한 것이다.

다음은 자신을 올바르게 인식하고 있는 시작예술가가 "자신이 시작을 순조롭게 잘했는지 어떻게 압니까?"라는 질문에 한 답이다.

"다음 단계가 분명하고 명확히 보일 때 시작을 잘 해냈다는 것을 알죠."

—연쇄 시작예술가

"좋은 시작 과정은 어떤 프로젝트가 제 시간과 노력을 투자할 만한 프로젝트인지를 정확히 알고 그 과정을 떠날 수 있도록 해주죠. 즉 다른 사람들에게 가치 있는 아이디어라고 확신시키기 위해 세부 사항들을 충분히 논의했다는 것입니다."

—부동산 개발업자

"제 시작은 관광상품을 만들고자 처음 자리에 앉아 기초를 다지는 것이어야 해요. 발전시켜나가기 위한 견고한 기반을 구축하려면 위치, 일정, 목표 시장 등 개요를 완성해야 합니다."

—관광상품 및 여행 기획자

"저는 앉은자리에서 지칠 때까지, 그 아이디어가 싫어질 때까지 가능한 한 글을 많이 씁니다. 이는 병마개를 뽑는 것과 같죠. 다음에 글을 쓰기 위해 자리에 앉을 때 놀라운 일이 벌어질 것을 알기에 저는 시작했다고 느낍니다."

—소설가

"큰 시작을 위해서는 의식 수행 절차가 필요합니다. 몇 주 동안 아

지금 당장 시작하는 기술

이디어를 만지작거렸어도, 아이디어에 이름을 붙이고 공책과 파일을 마련하고 새로운 프로젝트 커피잔을 샀을 때(나의 작은 의식이랍니다)만 진짜 시작이라고 하죠."

— 시나리오 작가, 저자

"제 아내와 아이들에게 설명할 수 있을 만큼 아이디어를 충분히 정의할 수 있을 때, 그때 시작된다고 봅니다."

— 기업 연사 및 인사 교육 담당자

"몇 주 또는 몇 달이 지나도 나중에 다시 돌아가 다음 단계를 알아볼 수 있을 만큼 충분히 아이디어를 문서화했을 때 아이디어는 시작됩니다."

— 비즈니스 전략가

"솔직히 제 발명품을 보면 시작이 그리 명쾌하진 않았습니다. 뭔가를 만지작거리거나 고칠 때 아이디어가 나옵니다. 그러면 바로 일을 시작하는데, 그날 시작해서 그날 끝내기도 합니다."

— 기계공학자 및 발명가

진정으로 시작했다는 기분이 들게 하는 게 무엇인지 알아보자. 다른 시작예술가들과 이야기하고 연습하고 또 연습해라.

요구에 따른 시작

한 젊은 친구가 광고 작가로서 새로운 일을 시작하게 된 후 내게 이렇게 말했다. "당신이 바라는 거 있잖아요, 그거 조심하는 게 좋아요. 매일 요구가 있을 때면 언제든지 창의력을 발휘한다는 것과 자신의 일정에 따라 자신만의 창작물을 만들어낸다는 건 다른 일이죠."

그러나 일을 시작한 지 얼마 되지 않아 그 친구는 한탄을 멈췄다. 그는 빈 페이지를 편안한 마음으로 맞서는 기술을 연마했다. 그는 프로로 전향했다.

연구원 데니스 그린은 이 주제를 흥미롭게 여겼다. 어떻게 사람들은 요구가 있으면 그 요구에 맞춰 무언가를 창작할 수 있는 것일까? 영감이 사람들의 일정에 맞춰 찾아오기라도 하는 걸까? 수백 건의 심층 인터뷰와 설문조사를 실시해 그린은 계속해서 새로운 것을 창작해내는 사람들이 어떻게 이를 해내는지 알아냈고, 우리가 본받을 만한 그들의 공통점을 찾아냈다.

그린은 프로젝트를 시작하고 또다시 시작하며 항상 창의력을 발휘하는 사람들과 요구에 따라 문제를 해결하는 사람들 사이에 공통점이 있다는 좋은 소식을 발견했다. 그 두 종류의 사람들이 일하는 과정에는 항상 다음이 포함되어 있었다.

1. 의식 수행

2. 심사숙고 상태로의 의식적인 전환

3. 과정을 이끌어나가는 깊이 숙고된 질문

이전 챕터에서 시작 과정의 목적의식 있는 사고와 질문하기에 관해 이야기했다. 여기에 의식 절차를 더하면 우리도 창의적인 사람들의 일하는 과정을 엮어낼 수 있다.

그린이 연구에서 발견한 것처럼 창의적인 사람들이 가진 가장 흔한 의식인 아침 산책부터 불 껐다 켜기, 또는 특정 횟수만큼 손뼉치기와 같이 우스꽝스럽고 이상한 행동까지 의식은 아주 다양하다.

물론 걷기와 기타 운동에는 나름대로 건강상 이점이 있다. 사실 그만큼 걷기는 모든 창의적인 과정에 앞서 행할 수 있는 처방이 된다. 또한 많은 연구에 따르면 어리석은 의식일지라도 모든 의식은 우리가 성공적으로 창의력을 발휘할 수 있는 발판을 마련해준다.

의식을 수행하면 우리는 자신의 생각과 감정, 행동을 통제할 수 있다는 기분이 든다. 연구에 따르면 의식은 집중력, 몰입력, 주의력, 자신감을 향상시키고 불안을 감소시킨다. 또한 성과를 바라보는 관점을 수정하는데, 예를 들어 좌절을 견뎌내고 이를 실패로 보지 않게 된다.

자신만의 의식이 무엇인지 알고 있다면 그것을 받아들여라. 없다면 주의를 기울여보자. 좋아하는 스타워즈 컵에 커피를 붓기 전에 무화과나무를 향해 노래를 부르는 것 또한 톱니바퀴를 돌아가게 하는 의식의 일부임을 깨닫게 될 것이다.

하지만 조심하자. 그린은 다음과 같이 말한다. "의식은 우리가 만들어야만 강한 것이 됩니다. 또한 자신감이 넘쳐나는 창작자들은 매일 자신의 의식을 행하죠."

매일 창작한다고? 바로 내가 원하는 바다!

자, 그렇다면 정리해보자. 모든 시작은 좋다. 좋은 시작이라면 더 좋다. 우리 모두 이에 동의한다니 좋다.

또한 명확히 말해주자면, 계획이나 성대한 축하 행사, 가상의 비서 없이도 언제 어디서나 아이디어를 행동으로 옮길 수 있다. 알겠는가? 이를 확실히 알려주고 싶다.

더 많이, 더 잘, 더 쉽게, 또한 최고의 작업을 해내기 위해 더 많은 통제력을 가지고 시작하고 싶다면, 시작예술가적 정신이 원하는 그 모든 것을 갖추고, 자기만의 특별한 시작 과정을 만들고 싶을 것이다. 그 방법은 다음과 같다.

1. 일정을 잡고 시작 과정을 만들어라

자신의 잠재의식이 '바로 여기서 불이 지펴진다'라고 말하는 장소를 찾거나 만들어라. 과정에 필요한 사람, 준비, 영감 등 모든 것을 포함하고 정말로 시작되었다고 느끼게 해주는 과정을 구성해라.

2. 자신의 의식이 무엇인지 알거나 의식을 만들어라

자신의 뮤즈를 불러내자. 산책을 하거나 자전거를 타라. 물 한잔을 마시고 연필을 정렬하고 유칼립투스 향을 맡으며 준비해라. 의식적으로 어떻게 첫 단계를 실행할 것인지를 결정해 작업에 불을 지펴라.

3. 질문해라

질문을 사용해 생각을 지휘하자. 질문은 다음과 같다.

✓ 가장 좋은 첫 단계는 무엇인가?

✓ 무엇이 아이디어에 견인력과 추진력을 더해줄 수 있을까?

✓ 무엇이 아이디어 단계에서 진행 중인 과정 단계로 나아가게 만들까?

✓ _____을(를) 하기 위해서 내가 할 수 있는 한 가지 일은 무엇인가?

✓ 내 아이디어로 무엇이 해결되길 바라는가?

✓ 가장 빠르게 해결하려면 어떻게 시작해야 하는가?

✓ 사람들, 에너지, 아이디어를 최대한 빨리 끌어모으기 위해서는 어떻게
해야 할까?

4. 기록하고 보상해라

글쓰기, 비디오, 녹음, 그림 등으로 작업을 시간순으로 기록해라. 작업이 이
미 기사처럼 시간에 따른 기록이라면, 기록하기 위해 더 많은 일을 해라. 컴
퓨터 파일의 첫 장을 사진으로 찍거나 일기장에 재밌는 내용을 작성하거나,
'저장' 버튼을 누르는 자신의 모습을 기록해보라. 꾸준히 할 수 있도록 고정
적으로 엉뚱한 선물이나 보상을 줘라.

우연한 만남

일단 시작하고 나면 소설을 쓰거나 회사를 운영하며 비슷한 시작예술가적 모험을 경험하게 된다. 캐릭터나 고객이 모습을 드러내기 전까지는 아무것도 알 수 없으며 그들을 위해 일할 때마다 놀라운 마법이 일어난다. 우리가 할 수 있는 일은 각 페이지, 각 상품, 각 이야기의 반전과 같이 우리가 매번 마주하는 것들과 함께 새롭게 시작하는 것이다.

소설가 닥터로는 다음과 같이 말했다. "소설을 쓴다는 것은 밤에 차를 모는 것과 같다. 전조등이 비추는 곳까지만 볼 수 있지만, 그런 식으로 내내 운전해 갈 수 있다." 정말 다행이다. 우리가 생각하는 것만큼 멀리 앞을 내다볼 필요가 없다. 그저 바로 앞을 보기만 하면 된다. 솔직히 무엇을 창작해내는 것은 밤길을 운전하는 것과 같다. 우리 눈에 보이는 곳에서 시작한다. 가능하다면 조명을 켜고, 가장 먼 곳에 시선을 고정하고는 액셀을 밟는다. 시선을 고정했던 곳에 도달하게 되면 그곳이 바로 또 새로운 출발점이다.

종종 아이디어와 새로운 발견을 향해 시작 단계를 빠르게 넘나들 때 우리는 어디에 시선을 고정해야 할지 모른다. 마치 범퍼카를 타고 도로를 벗어나게 된 것 같다. 나쁜 일이 아니다. 우리는 새로운 친구와 협력자, 새로운 아이디어와 새로운 방식을 우연히 만나게 된다. 지글지글 구워지고 있는 아이디어를 탈 정도로 익은 계획으로 전환하고자 할 때, 코앞에 두고도 지나쳤던 것과 깜빡 잊고 생각해

지금 당장 시작하는 기술

보지 못했던 것들과 우연히 마주한다.

행동을 취하면 답을 마주치게 된다. 더 중요하게는, 질문을 마주치게 된다. 연쇄 사업가인 한 시작예술가는 이렇게 말했다. "계획 중에 있을 때 항상 올바른 질문만 하기란 불가능한 일이다. 진정한 삶만이 진정한 문제를 건네준다. 그리고 그 문제들이 바로 혁신의 연료가 된다."

계획, 일정, 예산과 같이 문서로 쓰인 질문은 순간순간의 질문과는 사뭇 다르다. 나는 이것을 레이스천 조각을 가지고 여기저기 돌아다니며 알게 되었다.

홍보 대행사 사업을 매각하고 예술 활동과 글쓰기를 그만둔 지 몇 년 후, 나는 가장 좋아하는 도시인 파리로 여행을 떠났다. 디자이너 부티크와 벼룩시장, 몽마르트르의 허름한 직물 판매 거리를 돌아다니다 어딘가에서 다음 사업 아이디어를 얻었다. 패션 액세서리 회사였다. 우리 회사는 빈티지 프랑스 레이스와 최고급 실크 리본으로 만든 고급 신부 가터벨트[2]를 전문으로 했다. 여성이 값이 아무리 비싸도 꼭 고급 프랑스 레이스용품을 착용해야 할 때가 있다면, 부자 이모가 값이 아무리 비싸도 꼭 고급스러운 선물을 사서 과시하고 싶을 때가 있다면, 그건 바로 결혼식에서다.

---

2 또는 양말대님. 양말 또는 스타킹이 흘러내리지 않도록 착용하는 고무 밴드로 수로 허벅지에 착용한다. 서양에서는 신부가 가터벨트를 착용하는 것이 전통으로, 식이 끝나갈 무렵 가터벨트를 미혼 남성을 향해 집어 던진다. —옮긴이

나는 신속히 행동에 옮겼다. 샘플 몇 개를 바느질해 만들고, 신부용품 가게와 엣시[3]에서 경쟁 상대를 조사하고, 가격을 살펴봤다. 웨딩업계의 박람회를 가보기도 하고 유통 경로를 조사했다. 또한 내 샘플을 보고 싶어 하는 사람이라면 누구에게나 보여줬다.

그 과정에서 나는 자재 공급 문제를 마주치게 되었다. 어떻게 해야 빈티지 레이스를 충분히 공급받을 수 있을까? 레이스 품질에 상응하는 고급 리본을 어디서 구하지? 좋은 가격에 구매하려면 한 번에 얼마나 많은 양을 구매해야 할까? 결혼식의 신부와 관련된 질문을 마주치게 되었다. 300달러짜리 가터벨트를 특별한 날 하루 착용하고 나서 나중에 신부는 그걸로 무엇을 할 수 있을까? 가터벨트 포장비로 얼마를 지출해야 할까? 어떻게 하면 이게 결혼식 이후에도 의미 있을까?

한 고급 부티크가 내 모든 샘플을 사겠다고 제안했을 때 처음으로 큰 고객을 만났다고 생각했다. 그 고객이 내 가터벨트의 치수를 재보기 전까지는 말이다. "죄송해요. 제 손님들은 허벅지가 더 굵어요. 이렇게 작은 것들은 많이 팔 수 없어요." 고객이 말했다. 이런, 아무런 조사도 하지 않은 채 소형, 중형, 대형 샘플을 같은 개수로 만들었던 것이다. 이 일로 크기 조정 및 재고 관리를 위해서는 고객을 알아야 한다는 것을 배웠다. 웨딩플래너에게 신부가 가터벨트를 던지

---

3 Etsy. 수제, 빈티지, 공예용품을 주로 판매하는 미국의 전자상거래 사이트. —옮긴이

지금 당장 시작하는 기술

는 전통이 이제는 사라지고 있다는 사실을 알았을 때 더 큰 실망감이 몰려왔다. 아쉽지만 물어봐서 다행이었다.

나는 좌절하지 않고 방향을 틀었다. 가터벨트 디자인을 초커, 팔찌, 머리 장신구와 같은 일상적인 액세서리로 바꿔 만들어 신부용이 아닌 화려하고 펑키한 일반 액세서리 브랜드로 만들었다. 뱃머리를 돌리고는 시제품을 만들어 납품처를 방문하다 보니 물어봐야 하는지도 몰랐던 질문에 대한 답들을 마주치게 되었다.

<u>질문은 행동이 우리에게 주는 선물이다.</u> 행동하는 질문은 맥락을 이해하는 질문이다. 이런 질문에는 직감이나 가설이 아닌 현실이 답을 해준다. 또한 곧바로 더 나은 다음 질문으로 이어진다.

다음은 일단 시작하고 나면 훌륭히 대답할 수 있는 질문들이다.

- ✓ 무엇이 잘될까?
- ✓ 무엇이 잘못될까?
- ✓ 성공은 어떤 모습일까?
- ✓ 이걸 하면 어떤 기분이 들까?
- ✓ 누가 관심을 가질까?
- ✓ 누가 또 이걸 좋아할까?
- ✓ 조사를 더 해야 할까?
- ✓ 조사를 포기해야 할까?
- ✓ 매일 밤 이렇게 늦게까지 깨어 있을 수 있을까?
- ✓ 누구에게 말해야 할까?

✓ 누구의 도움이 정말 필요할까?

✓ 이 제품이 강아지에게 정말 효과가 있을까?

✓ 자면서도 이걸 할 수 있을까?

✓ 잠자는 강아지를 눕혀야 하나?

✓ 잠자는 강아지가 이걸 더 재밌게 만들어줄까?

✓ 자전거 타기보다 이게 더 쉬울까?

✓ 자전거를 타면서도 이걸 할 수 있을까?

✓ 빗속에서 하는 게 더 나을까?

✓ 목요일에 사람들에게 이걸 보여주면 더 많은 사람이 좋아할까?

✓ 실온에서 얼마나 오래 유지될까?

✓ 이걸 매일 할 수 있을까?

✓ 이걸 2배로 해보면 어떨까?

✓ 3배로 해보면?

✓ 이렇게 해보면? 저렇게 해보면?

가게 주인 및 의류 제조업자와 이야기를 나누면서 내 상품을 온라인으로 판매하거나 직접 길거리를 걸어 다니며 팔고 싶지 않다면, 뉴욕에 상품을 전시할 전시실이 필요하다는 것을 알게 되었다. 그래서 리본을 사고 전시실을 얻기 위한 면접을 보고자 뉴욕으로 떠났다. 마땅히 소개할 것도 없는 신출내기라서 전시실을 2곳밖에 예약할 수 없었다. (디자이너가 전시실에 10~15%의 수수료를 지불하긴 하지만, 좋은 전시실은 한정된 자리에 누굴 채워 넣을지 주인이 마음대로 선택할 수 있다.) 그

지금 당장 시작하는 기술

중 1곳은 화려하진 않은 곳이었으나 내가 원하는 모든 것을 갖추고 있었다. 첫 면접은 매우 성공적이었다.

나는 택시를 타고 맨해튼 23번가에 있는 주소지로 갔다. 10층짜리 벽돌 건물이었다. 낡은 초인종을 눌렀더니 누군가 나를 건물 안으로 들어오게 하고는 5층으로 안내했다. 40대쯤으로 보이는 세련된 여성이 문 앞에서 나를 맞이하더니, 보석과 패션 액세서리가 가득한 진열장이 늘어져 있는 비좁은 통로로 길을 안내했다. 우리는 구석에 있는 작은 테이블에 자리를 잡고 나는 시제품의 포장을 풀어 제품을 홍보했다.

그녀는 친절했으며 내 말을 잘 들어줬다. 모든 시제품을 집어 들어 찬찬히 살펴봤다. "네, 신선하네요." 그녀가 이렇게 말했을 때 기대에 잔뜩 부푼 디자이너의 심장은 마구 뛰기 시작했다. 그녀가 덧붙였다. "고급 백화점에서 볼 수 있을 법한 상품들이군요." 그녀는 자신의 전시실이 세계 일류의 고급 소매상에게 팔렸으며 내 상품이 그에 견줄 만하다고 말했다. 그런 다음 그녀는 전시실을 보여주며 그곳에서 전시되고 있는 다른 브랜드들을 보여줬다.

그녀가 지금 내게 전시실을 팔려는 것이 분명했다. 나는 이 거래를 성사할 준비가 되어 있었다. 우리는 다시 자리에 앉았고 그녀는 조건, 비용, 수수료를 확인했다. 그녀가 견적을 내서 알려준 비용은 예상한 대로여서 놀랍지 않았다. 숙제를 끝냈다. 그러나 그때, 그녀는 패션계에서 암암리에 퍼져 있는 관행이기에 미처 내가 조사하지 못했던 부분에 대해 말했다. "이 컬렉션을 봄 시즌에 선보이기까지는 시간이 충분해요. 그런데 가을 시즌에는 어떤 걸 선보일 생각인가요?

잠깐. 가을 시즌? 가을까지 또 다른 컬렉션을 선보이라고? 이 컬렉션을 완성하는 데 1년이 걸렸다. 게다가 어떻게 생산량을 늘려야할지도 모르는 상황이었다. 매 시즌 새로운 컬렉션이 필요하다고? 이건 마치 주 80시간을 일하는 전업 스타트업 같았다. 나는 그걸 원한 게 아니었다. 이것은 내가 '꿈꾸던 방식의 삶을 위한' 사업이었다. 어려운 사업을 팔고 난 후에 하는 재미난 일 같은 것이었다.

그 미팅을 하면서 이건 내가 원하던 바가 아니라는 것을 직감적으로 알아챘지만, 그렇다고 바로 문을 닫지는 않았다. 몇몇 성공적인 디자이너들과 패션 크리에이터들을 만나면서 내 직감을 확인하게 되었다. 그들은 내가 그 전시실 관계자와 대화하지 않았더라면 나를 위해 시간을 따로 내지 않았을 사람들이었다. 그들을 만나 막연하게 느끼던 두려움이 분명해졌다. 패션 제조업은 전력을 쏟아부어야 하는 작업이었다. 부업으로 할 게 아니었다.

어려운 결정이었지만 나는 전시실 거래에서 물러났다. 나는 집에 돌아와서 소량의 상품을 부티크와 온라인 소매점에 팔았다. 투자금을 회수했고 약간의 이익을 남겼다. 내 딸들을 위한 결혼식 가터벨트 몇 개와 내가 좋아하는 액세서리 몇 개를 계속 가지고 있다.

행동을 취하지 않았다면 패션 사업에 대해 내가 무엇을 어떻게 배울 수 있었을까 싶다. 방향을 틀고 바느질을 하고 시제품이라도 있어야 산업계의 변두리를 기웃거릴 수 있었으며, 나는 그 세계에서 정말 필요한 것이 무엇인지 알지도 못했다.

이런 이야기는 보통 내 이야기와는 다르게 더욱 흥미진진하고 많은 돈을 벌게 되었다는 식으로 끝이 난다. 기업가는 한 제품으로 시작해 다른 좋은 제품을 만난다. 작은 문제를 해결하고 곧 더 큰 문제에 부딪히게 된다. 그리고 다른 방법으로는 배울 수 없었을 교훈을 마주치게 된다.

나는 요점을 명확히 보여주기 위해 승리 대신 '패배'의 이야기를 하고 있다. 나는 내가 마주하게 된 것들을 감사히 여긴다. 그건 정말로 내게 필요한 것이었다. 내 창작물을 확인받았고 내게 필요했던 자기 성찰에 이르게 되었다. 나는 디자인하는 걸 좋아한다. 물건을 만드는 걸 좋아한다. 그렇다고 해도 난 50살에 제조업을 시작하고 싶지는 않았다.

일기장에 푸념을 늘어놓으며 생각을 정리했다. 나는 내 예술 작품을 판매하려고 갤러리를 섭외하고 작은 여행사를 시작했다. 프랑스 레이스와 패션에 대해 배운 점은 내 옷장을 다채롭게 하고 내 예술에 영감을 줬다는 것이다. 그래서 후회는 없다.

아이디어를 행동으로 옮기면 우리는 자신만의 또렷한 창의성과 만난다. 또한 정지 신호도 마주치게 된다. 아이디어를 행동으로 옮길 때 결국 아이디어의 끝을 마주하게 된다. 슬프게도 꼭 우리가 계획한 끝은 아니다.

모든 아이디어가 우리의 전부를 쏟아부을 가치가 있는 것은 아니다. 모든 아이디어가 우리가 상상한 잠재력이 있는 것은 아니다.

모든 아이디어를 씁쓸한 끝을 볼 때까지 실행해야 하는 것은 아니다.

참된 정지 신호와 아이디어의 잠재력을 발견하는 일은 연습하다 보면 쉬워질 수 있다. 또한 행동을 취하면서 우리가 마주치는 것들은 우리에게 큰 세 가지 위안을 가져다준다.

✓ 배운다

그렇다. 어떤 행동 방침이 실패로 이어지는지를 인식하게 되고, 중요한 기술인 손실을 줄이는 방법을 배우게 된다. 이건 시작에 불과하다. 우리가 움직이고, 문제를 해결하고, 이걸 어떻게 할 수 있을까 고민하며 한창 활동 중일 때, 알아야 하는 줄도 몰랐던 것, 책이나 수업은 절대 가르쳐 줄 수 없는 것들을 배우게 된다.

✓ 시간을 아낀다

우리가 아이디어를 가볍게 생각해보기만 해도 아이디어는 뇌의 공간과 시간을 차지한다. 그래서 뇌에서 하나의 아이디어를 지워내면 다음의 더 좋은 아이디어를 위한 공간이 생긴다.

✓ 후회가 없다

아이디어에 시간과 노력을 투자하는 위험을 감수할 때 우리는 자기 자신에게 더욱 만족하게 된다. 책 『후회의 재발견』의 저자 다니엘 핑크는 위험을 감수하고 실패한 사람들은 모험을 건 적이 없는 사람들보다 훨씬 후회가 적었다고 말한다. "행동하면, 우리는 다음에 어떤 일이 일어나게 될지 안다. 하지만 행동하지 않으면, 우리는 어떤 일이 일어날지 짐작만 할 수 있을 뿐이다. 행동의 결과는 명확하고, 구체적이며, 제한적이다. 행동하지 않음의 결과는 일반적이고, 추상적이며, 한계가 없다." 저자 핑크가 말했다.

포장용 뽁뽁이와의 우연한 마주침

포장용 뽁뽁이는 그 누구의 '시작할 일' 목록에도 결코 올라본 적이 없다. 그런데 2명의 디자이너가 질감을 살린 벽지 만들기에 나섰을 때 이 아이디어를 우연히 마주치게 되었다.

음식이 들러붙지 않도록 하는 코팅재인 테플론은 1930년대 무독성 냉매를 만들고자 했던 27살 청년이 만들었다. 몇 년 후 마리온 트로졸로는 테플론을 프라이팬 위에 발랐다. 포스트잇은 원래 고강도 접착제에서 시작되었다. 어린이용 찰흙인 플레이도는 원래 벽지 세탁 도구에서 시작되었다.

나선형으로 조밀하게 감긴 용수철 형태의 장난감인 슬링키는 선박에 화물을 고정시키는 장치를 설계하는 기계공학자가 용수철처럼 감긴 철사를 바닥에 떨어뜨렸다가 발명되었다. 그 공학자는 그 철사가 계속해서 굴러가는 것을 재밌게 바라봤다. 그렇게 구르고 구르다 장난감 가게에 멈춰 선 것이다! 코카콜라는 모르핀중독, 두통, 불안 치료제로 시작되었다. 리스테린은 임질 치료제로 시작되었다는 사실이 숨어 있다.

어이쿠, 우리는 여기서 껄끄러운 현실을 마주하게 되었지만 당신은 이해했을 것이다. 아이디어를 실행에 옮기면 무수하고 무한한 가능성의 고리가 생겨난다.

무언가를 시작하면 다른 무언가를 마주치게 된다.

행동은 가르쳐준다

아이디어를 빠르게 행동으로 옮김으로써 무엇을 배우게 되었나? 다음은 이에 대한 시작예술가들의 답변이다.

북클럽에 20명은 너무 많다.

생각보다 더 많은 것이 잘못될 수 있다.

잠재력은 생각보다 크다.

초록색일 때 더 잘 보인다.

강아지들은 싫어하지만 고양이들은 좋아할 것이다.

요리용 굵은소금을 식탁용 소금으로 대체할 수 없다.

설명서를 읽으면 사람들은 반품을 덜 한다.

사람들은 대부분 설명서를 읽지 않는다.

내 상사는 내가 인정하는 것보다 더 뛰어나다.

원격제어 진공청소기는 사람들을 섬뜩하게 만든다.

지금 당장 시작하는 기술

청구서를 보내는 일은 생각보다 시간이 오래 걸린다.

감시자가 없는 온라인 수업은 고등학생들에게 아무 소용이 없다.

변호사들은 실제로 도움이 된다.

어떤 면에서는 우리 엄마가 옳았다.

보기 좋아야 먹기도 좋다.

타이밍이 전부는 아니지만 꽤 중요하다.

직감이 당신을 이끌도록 해라. 하지만 같은 자리에 그대로 머물러 있는다면 직감은 아무 소용이 없을 것이다. 움직여라. 행동해라. 여러 가지를 마주쳐라.

행동 편향

일단 아이디어가 시작되면 아이디어가 뻗어나갈 수 있도록 모든 기회를 잡아야 한다. 이를 위해서 더 나은 작업과 창의성을 이끌어내기 위한 하나의 방법이 필요한데, 바로 행동 편향[4]을 갖는 것이다.

끊임없이 재시작하기 위해서 5초 규칙을 사용하는 것이 좋다.

---

4 아무 소용이 없거나 똑같은 결과, 심지어 더 나쁜 결과가 나오더라도 가만히 있는 것보다 차라리 행동
   하는 게 더 낫다는 믿음. ─옮긴이

음식이 바닥에 떨어질 경우 5초 안에 먹으면 괜찮다는 규칙을 말하는 게 아니다. 이는 저명한 작가이자 팟캐스트 진행자인 멜 로빈스[5]의 아이디어다. 그는 이렇게 말한다.

"목표를 이루기 위해 행동하려는 충동이 생겼다면 5초 이내에 물리적으로 움직여야 합니다. 그러지 않으면 뇌가 그 아이디어를 죽입니다."

로빈스는 무엇을 해야 할지 알겠다면 거꾸로 숫자를 세라고 제안한다. 5, 4, 3, 2, 1, 액션. 로빈스는 숫자를 세고 즉시 행동하면 마음이 고요해지고 행동하지 않으려고 발 빼거나 미루는 일을 막을 수 있다고 말한다. 또한 이는 용기를 내고 움직이는 습관을 강화해 불안을 극복하는 데 도움을 주는 심리적 개입이 되기도 한다.

나는 새롭게 큰일을 시작할 때 배트맨이 타는 슈퍼카에 재빠르게 올라타는 편이긴 하지만, 그날그날 행하는 5초 규칙을 통해 다음과 같은 도움을 받는다.

1. 생각을 잊어버리기 전에 일기장에 적어둔다.
2. 누군가에게 전화하지 말아야 할 이유가 떠오르기 전에 전화기를 집어 든다.
3. 초조한 기분이 들기 전에 부탁을 한다.
4. 나만 준비하면 끝나도록 미술 프로젝트 준비물을 챙긴다. 나만 준비되면

---

5 Mel Robbins. 라이프코치이자 강연자, 베스트셀러 작가로, 자신이 습관으로 어떻게 인생을 뒤바꿔낼 수 있었는지에 관해 이야기한다.

지금 당장 시작하는 기술

바로 시작할 수 있도록 준비한다.

5. 어떤 일에 시간을 들일 가치가 없다고 확신하기 전에 새로운 사람과 상담 또는 협업 일정을 잡는다. 항상 시간을 들일 가치가 있다.

6. 새로운 생각이 떠올랐을 때 시각적 참고 자료가 될 만한 것을 스케치하거나 검색해본다.

7. 시작 과정 일정을 잡는다.

8. 새로운 인맥을 만든다.

아이디어를 위한 정정당당한 싸움

주저하는 습관은 아이디어의 생명을 앗아간다. 행동과학자들은 우리가 결정을 내릴 때 얻는 것보다 잃는 것에 더욱 초점을 맞추는 경향이 있다고 한다. 이것은 '손실 회피 편향'이라고 불리는 널리 연구된 현상이다. 우리는 타고나길 1달러를 얻는 것보다 1달러를 잃는 것을 더 많이 걱정한다. 고등학교 장기자랑에서 최고의 기량을 뽐내는 기쁨을 기대하기보다는 학교에서 괴롭힘을 당해 놀림 당할까 봐 두려워한다. 하고자 하는 일을 좇기보다는 원치 않는 일을 피하는 쪽으로 결정이 기운다.

좋은 소식은 우리가 이 현상을 이용할 수 있다는 것이다. **신속하게 행동을 취함으로써 이 상황을 바꿀 수 있다.** 잃을 수도 있는 것에 집중하기 전에 빨리 시작함으로써 아이디어를 잃고 싶지 않은 걸로 만드는 것이다.

시간과 생각, 에너지 자원을 아이디어에 투자할 때 우리의 아이디어는 이점을 얻는다. 그러면 우리 뇌는 현재 실제로 진척되고 있는 아이디어를 포기할지 또는 우리를 심리적 안전지대 속에 가둬두기 위해 찾아낸 상상 속의 겁쟁이를 불러낼지 그 사이에서 선택을 내려야 한다.

자신의 아이디어를 실현시키기 위해 정정당당히 싸워라. 행동을 투자해라.

무엇이든 시작하는 해

나는 더 큰 아이디어를 행동으로 옮기고 내가 생각해내지 않은 아이디어로 필요에 따라 창의력을 발휘하기 위해 행동 편향을 키울 수 있을지 궁금해졌다. 그래서 나는 내 아이디어와 내 것이라도 해도 될 것 같은 아이디어에 "시작"이라고 말하는 해를 선언하기로 했다.

내 다짐은 이러했다. 내 생각에 이치에 맞는 아이디어가 떠오르면 재빨리 "시작하겠어"라고 말하고 행동을 취하는 것이다. 그렇게 항상 새로운 일을 시작하면서도 나는 그해에 정말로 정신을 못 차릴 정도로 행복했다.

- ✓ 첫 코미디 연기를 펼쳤다.

- ✓ 내가 만든 코미디쇼가 매진되었다.

- ✓ 처음으로 노래를 만들었다.

- ✓ 350명이 참가한 행사를 포함해 네 번의 기금모금 파티를 열었다.

- ✓ 안무가를 고용하고 (행사에서) 댄스 프로그램을 만들었다.

- ✓ 사람 크기의 강아지 의상 세트를 만들었다(위의 댄스 프로그램을 참조해라).

- ✓ 34점의 예술 작품을 만들었다.

- ✓ 엉뚱한 정원 예술 프로젝트를 시작했다.

- ✓ 나무 심기 프로젝트를 시작했다.

- ✓ 3개의 기사와 이 책의 일부를 쓰기 시작했다.

- ✓ 인스타그램 계정을 개설했다.

대부분은 안무가를 위한 강아지 의상을 만드는 것과 같이 일회성 프로젝트였다. 나는 이 경험을 다른 그 무엇과도 바꾸지 않을 것이다.

나무 심기 프로젝트 같은 시작은 이제 내 삶의 일부가 되었다. 내게는 죽기 전까지 1,000그루의 나무를 심겠다는 사명이 있는데, 지겨워 죽을 때까지 나는 환경을 위해 활동할 것이다.

코미디쇼인 〈여성들의 웃음 라운지 Ladies Laugh Lounge〉가 나의 심리적 안전지대를 가장 크게 벗어난 프로젝트로라고 할 수 있기에 이 프로젝트에 대해 말해보겠다.

어머니의 날이 되기 몇 주 전에, 뉴욕의 코미디 작가이자 당시

25세였던 나의 딸 테일러 케이가 자신의 유머 글쓰기 그룹과 함께 공연하자고 나를 초대했다. 그 그룹에 속한 7명의 여성은 브루클린의 한 클럽에서 열리는 어머니의 날 공연에 모두 자신의 어머니를 초대했다.

나는 코미디언이나 연기자가 아니지만 풍자와 유머를 발견하는 것을 좋아한다. 그래도 이건 내게 쉬운 일이 아니었다. 그러나 테일러는 내가 이 일을 할 수 있을 거라 확신했다. "코미디 작가들이 자신의 작품을 읽는 것일 뿐이에요, 엄마. 그냥 웃긴 이야기를 써보세요. 잘할 수 있을 거예요. 엄마가 올해는 새로운 일들을 시작하는 해라고 했잖아요."

와, 내가 그걸 그렇게 큰 소리로 말했었나?

이 아이는 나를 자신의 뒷마당 연극에 출연시키고 내게 첫 번째 책을 출판하라고 말했던 바로 그 아이였다. 그러니 내게 무슨 선택권이 있었겠는가. 나는 그 자리에서 "그래"라고 답했고 유튜브에서 무대 공포증에 대한 동영상을 찾았다.

그다음 2주 동안 재밌다고 생각한 글을 쓰고는 어머니의 날에 두 딸을 만나기 위해 뉴욕으로 날아갔다. 시카고에서 온 딸 테스와 호텔에서 만나 내 작품을 읽어줬다. 테스는 박장대소하지는 않았지만 긍정하고 있었다.

테일러가 도착했고 우리는 로비에 있는 바에서 만났다. 내 작품을 다시 읽어줬는데, 나는 모든 연기자가 공연 전날 감독에게 받을 법한 약간의 수정 요구와 함께 쏟아지는 찬사를 받지 않을까 내심

지금 당장 시작하는 기술

기대하고 있었다.

내 기억이 맞다면 테일러는 정확히 이렇게 말했다. "좋아요. 이거 재밌어요, 엄마. 근데 이건 우리랑 맞지 않아요. 다시 써야 해요." 테일러는 또한 그 순간에 내가 공연 참여에 "알겠다"고 답한 유일한 어머니였다고 말해줬다. 공연의 특별 초대 손님으로 〈뉴요커〉에 글과 만화를 기고하는 40대 초반의 유머 넘치는 작가인 에밀리 플레이크를 제외하고 35세가 넘은 출연자는 나뿐이었다.

그래서 두말할 것도 없이 2시간 전에 다시 써서 완성한 글을 가지고 밀레니얼 세대인 젊은이들로 꽉 찬 힙한 클럽에 들어섰을 때, 내 온몸의 모공에서는 자신감이 뿜어나오고 있었다.

공연이 펼쳐질 공간 앞쪽에는 그리 두려워하지 않아도 될 정도로 작은 무대가 있었다. 하지만 그 옆 한 벽면에 커다란 화면의 TV가 있었으며 아무도 그 TV를 끌 줄 몰랐다. 그게 다가 아니었다. 화면에서는 인기 드라마 〈왕좌의 게임〉 최종화 바로 전 회차가 방송 중이었고, 클럽 주인은 공연 바로 다음에 즉시 〈왕좌의 게임〉 최종화 관람 파티를 할 예정이어서, 혹시나 TV가 다시 켜지지 않을까 봐 걱정되어 플러그를 뽑고 싶어 하지 않았다. 내가 시작한 일을 끝내고 싶지 않은 순간이 있다면 바로 이 순간이었다.

테일러는 진행자였고 내 차례가 되었을 때 그녀는 나의 약력을 소개했다. "여러분, 제 엄마입니다!" 그 순간 그날 저녁은 완벽한 저녁이 되었다.

다른 출연자들은 시력이 아주 좋았기에 작은 휴대전화 속의 글자를 읽어갔지만, 나는 20포인트의 활자가 담긴 아이패드를 가지고 당당하게 무대로 올랐다. 어깨 뽕에 관련된 농담은 먹히지 않았고, 대중문화에 관한 언급을 했지만 밀레니얼 세대는 이해하지 못했다. 그래도 사람들은 대부분 웃음 포인트에서 웃었고 마치 록스타가 된 기분이 들었다. 종이 위에만 글을 쓰던 사람에게 청중의 즉각적인 피드백은 정말 짜릿한 경험이었다.

그 공연을 하고 기분이 정말 좋았어서 중년 여성들이 자기 자신이 자랑스러울 때 할 수 있는 일이란 일은 다 해봤다. 페이스북에 이에 대한 글을 올렸다. 바로 댓글이 달렸다. "베키, 작품을 보여줘!" "베키, 영상은 어딨어?" " 베키, 캔자스시티에서 공연해줘!"

그리고 그렇게 또 일이 일어났다. 자만심과 자신감으로 가득 찬 한 아이디어가 나를 향해 손짓하고 있었다. 나는 달아날 수도, 숨을 수도 없었다. 하지만 왠지 그 아이디어가 마음에 들었다.

페이스북에서 로그아웃하기 전에 지역 여성 코미디쇼 프로그램을 제작하는 데 "예"라고 답했다. 나는 지역 유머 작가인 젠 만에게 메시지를 보내고, 그녀에게 이 프로그램에 참여하고 또 더 재밌는 여성들을 찾는 일을 도와달라고 요청했다. 당시에는 몰랐지만 젠은 이미 그 프로그램 제작에 "예"라고 답하기 위한 1년을 보내는 중이었고, 그래서 이 일에 참여했다. 코미디의 뮤즈들이 우리를 향해 미소 짓고 있었다.

나는 직감적으로 다음과 같이 행동을 취했다.

지금 당장 시작하는 기술

✓ 장소를 찾으려고 도시를 샅샅이 뒤졌는데, 편하게 집 근처에 새로 생긴 코미디 클럽을 공연 장소로 택했다.

✓ 친구들과의 브레인스토밍으로 공연의 이름을 '여성들의 웃음 라운지'라고 지었다. 나는 그 이름을 아주 좋아하지는 않았지만, 이 이름과 흔히 라운지에 있는 긴 의자에 앉아 부채질하는 여성을 그린 오래된 그림을 짝지어 떠올렸을 때 피식 웃음이 새어 나왔다.

✓ 나는 마스킹 테이프에 네임펜으로 '여성들의 웃음 라운지'라고 쓴 뒤 선명하게 인쇄되지 않은 그림 출력물에 붙여 공연 로고를 만들었다. 프린터에서 토너를 교체해야 했는데, 그랬다면 진행 속도가 더뎠을 것이다. 아마추어 같은 조악한 모습이 오히려 완벽해 보였다.

✓ 페이스북 이벤트와 몇 개의 개인 이메일로 사람들을 초대했다.

✓ 공연을 여성 출연진으로 채우고 더욱 다양하게 꾸미기 위해 코미디 클럽에서 사람들을 뽑았다.

그렇게 이룬 승리의 맛은 아주 달콤했고 의미가 있었다. 그리고 다음과 같은 놀라운 일을 경험할 수 있었다.

✓ **공연은 매진이었다**

사람들이 꽉 들어찼다. 몇몇 사람들은 낯선 이들과 테이블에 함께 앉았고, 또는 클럽 로비에 있는 바에 앉아 음향 장치로 공연을 들었으며, 또 어떤 이들은 클럽 문 앞에서 돌아서야만 했다.

✓ **출연자들은 돈을 받았다**

공연 출연자들에게 돈을 얼마나 줘야 하는지 몰랐지만 어느 정도 타당한 방식으로 이를 해냈다. 수익금을 균등하게 나눴다. 어떤 이에게 이는 공연을 해서 처음으로 돈을 버는 경험이었고, 경험이 많은 코미디언에게도 이는 그들의 경력을 통틀어 가장 큰 급여를 받는 경험이 되었다. (이 코미디 공연의 경제성 모델은 엉망이었다.)

✓ **엄마가 오셨다**

19금 등급을 받을 만한 수위라고 경고했는데도 엄마가 공연에 오셨다. 나는 엄마 앞에서 '오르가슴'이라는 단어를 처음으로 말했다. 이제 이런 건 어려운 일도 아니다.

행동 편향 만들기

20~60분

1. 자신의 결정 공식을 기반으로 만들자

121쪽에서 본 결정 규칙을 다시 확인해보고 자신의 결정을 행동으로 바꾸는 몇 가지 규칙을 추가해라.

작은 행동이라면 5초 규칙을 사용할 특정한 상황을 나열해보자. 예를 들면 다음과 같다.

- 도움을 청할 때
- 아이디어를 기록하거나 서류로 정리할 때
- 메모할 때
- 행동할 일정을 잡을 때
- 연락처를 찾을 때

큰 행동이라면 아이디어를 시작하기 위한 목표 또는 기간을 설정하자. 예를 들면 나는 이렇게 할 것이다.

- 대중 앞에서 말하는 법을 연마하는 아이디어를 실행으로 옮길 것이다.
- 매주 하나의 아이디어를 선택해 이를 행동으로 옮길 것이다.
- 다음 해를 준비하기 위해 한 달에 한 번 시작예술가인 친구를 만나서 그 친구가 그날 또는 다음 주에 행동으로 옮길 아이디어를 선택하게 할 것이다.
- 아이디어를 실행할 때 공동 작업을 요청하는 사람에게 "예"라고 말할 것이다.
- 내 목록에 있는 아이디어를 위해 일주일에 1시간을 따로 확보해둘 것이다.
- 올해 내 목록에 있는 아이디어 중 10가지를 실행할 것이다.

2. 빠른 행동의 승리를 기록해라

행동 편향을 구축하기 위한 기회를 포착한 순간을 일기장에 기록하도록 하자. 그때 기분이 어땠고 무엇을 배웠는가? 행동의 결과를 기념하는 습관을 만들어 미래의 행동에 대한 불안을 줄이도록 하자.

지금 당장 시작하는 기술

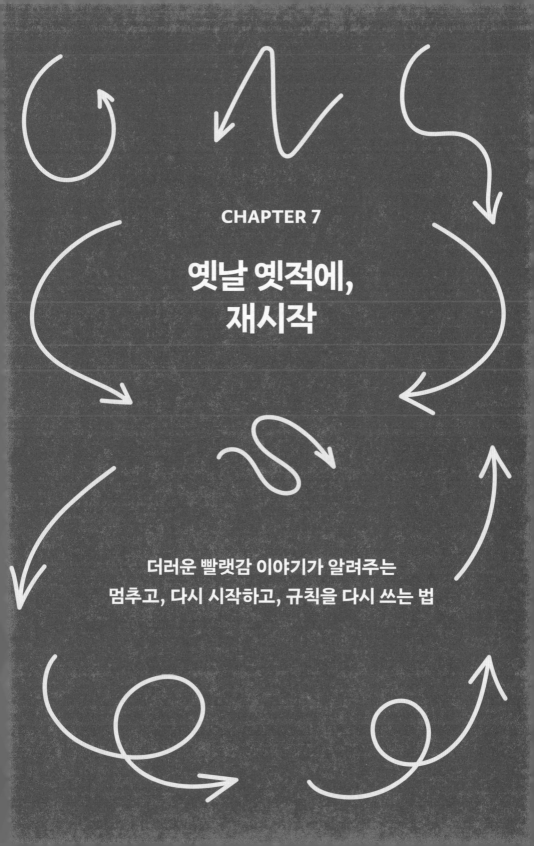

CHAPTER 7

옛날 옛적에,
재시작

더러운 빨랫감 이야기가 알려주는
멈추고, 다시 시작하고, 규칙을 다시 쓰는 법

남편과 나는 데이트를 하는 밤에 서점에 가곤 했다. 서점에 갈 때마다 거의 항상 책장을 훑어보면서 그는 이렇게 말하곤 했다. "세상에 이렇게나 많은 책이 있는데 우리는 단 한 권도 쓰지 않았다는 게 믿어져?" 그러면 나는 "응, 그럴 수도 있지. 우린 바빴잖아. 데이트를 망치지 마."

많은 이가 작가가 되는 일을 낭만적으로 생각한다. 사실 조사에 따르면 80~90%의 미국인은 살면서 언젠가는 책을 쓰고 싶어 한다고 한다. 이는 사람들에게 "시작하지 않은 일 중 어떤 일을 꼭 하고 싶은가요?"라고 물었을 때 가장 많이 나오는 대답이다.

그런데 나는 정말로 많은 이가 책을 쓰고 싶어 하는 게 맞는지 의심스럽다. 대부분은 그저 자기 자신이 쓴 책을 갖고 싶어 한다고 생각한다. 또는 '작가'가 되어서 그저 우쭐대며 멋져 보이고 싶어 하는 것 같다. 이는 책 쓰기에 관한 매우 다른 세 가지 생각들로, 이런 생각이 나쁘지 않다고 생각한다.

나 같은 경우 대행사에 소속되어 10년 넘게 돈을 받으며 글을 쓰고 나니 이 모든 걸 원하게 되었다. 나는 책을 쓰고 싶었다. 트위드 재킷을 입고 커피숍에서 열심히 글을 쓰고, 다른 작가들과 어울리고 싶었으며, 가장 원하는 바로는 표지에 내 이름이 새겨진 책을 손안에 넣고 싶었다. 물론 이를 빠르고 쉽게 해내고 싶었다.

소설을 써본 적도 소설 쓰기 수업을 들어본 적도 없었지만, 위대한 미국 소설들이 내 안에 있었으니 노력해서 조금만 시간을 내면 소설이 금방 튀어나올 거라고 생각했다. 그래서 홍보 대행사를 매각하고 남은 인생을 어떻게 살지 고민하다가 트위드 재킷을 걸치고는 때가 왔다고 선언했다.

나를 알아볼 사람이 없는 카페를 발견하고 글을 쓰기 시작했다. 힘들어서 버둥거렸지만 거듭 시작했다. 캐릭터 개발에 대한 웹 세미나에 참석하고 다시 시작했다. 수납 용기에 담겨 있는 플로피디스크 안에는 각기 다른 소설의 첫 장만 4개가 있었다. 하도 별로라 이 세상에 그런 소설은 없어도 괜찮을 것이다.

그러던 어느 날 밤, 서점 책장 속에서 내가 쓴 것이 아닌 책들을 훑어보다가 크리스 베이티가 쓴 『줄거리가 없어? 문제없어!No Plot? No Problem!』라는 책을 우연히 마주쳤다. 즉각적이고 분명한 메시지를 담고 있는 작고 깔끔한 책이었다. 메시지는 다음과 같았다. "앉아서

지금 당장 시작하는 기술

당신의 소설을 써라, 처음부터 끝까지. 30일 동안." 위안을 주며 '내 손을 잡아요'라고 말하는 것 같은 어조로 베이티는 말한다. "줄거리나 완벽함에 대해 걱정하지 마라. 하루에 2,000단어를 써라. 문제없다." 그런 다음 그는 각 장에서 글쓰기 여행을 위한 격려를 북돋아준다.

베이티의 비법은 다음 두 가지의 간단한 규칙이다. 조사하지 않기와 되돌아가서 다시 읽지 않기다. 그에 따르면, 우리가 소설을 쓸 때 우리는 이야기를 만들어내고 있는 것이므로 자신의 경험에서 비롯한 이야기를 만들라고 한다. 자신의 소설 속 주인공과 버스 기사가 논쟁을 벌이는 이야기를 쓰는데, 클레오파트라가 실제로 가장 좋아했던 귀걸이의 색상을 조사하겠다고 나서지 말아라. 또한 챕터 10에서 자신의 소설 속 주인공이 클레오파트라에 대해 어떻게 그렇게 많이 알고 있는지 이유가 기억나지 않을 때, 글쓰기를 멈추고는 주인공의 대학 시절을 대강 언급하고 넘어갔던 앞의 세 챕터로 돌아가지 말아라. 이상한 길로 빠져들지 않고 그냥 시작하면 된다. 매번 자리에 앉아 글을 쓸 때 우리는 필요한 모든 것을 이미 가지고 있다. 그러니 다음 날 어제 하다 멈춘 곳에서 다시 쓰기 시작하면 된다.

이 두 가지 규칙은 초보 작가가 잘못된 길로 빠지는 상황에서 구해주고, 지나치게 열심히 노력하거나 너무 잘하려고 노력하는 태도에서 구해준다. 이 규칙들은 또한 시작하는 데 필요한 에너지를 앗아가고 시간을 잡아먹는 두 가지 일, 즉 교정을 본다는 핑계로 미루기, 분석한다는 핑계로 정체하기에서 우리를 구해준다.

책 『줄거리가 없어? 문제없어!』는 글쓰기의 긴장감을 유지할 수 있도록 딱 적당한 마감 기한을 함께 제공한다. 하루나 이틀 이상 글쓰기를 건너뛰게 되면 5만 단어를 쓰기란 어렵다. 이것으로 초보 작가는 빠르게 작은 습관을 만들어나갈 수 있다. 매일 즐겁게 글쓰기를 시작하게 된다. 사전 계획 없이, 지나치게 생각에 빠져드는 일 없이, 또한 어제 한 일을 되돌아보며 괜히 낙담에 빠지는 일 없이 말이다. 그렇게 나는 해냈다. 하루에 약 2,000단어를 써서 한 달 만에 5만 단어 분량의 책을 썼다.

나는 첫 책의 제목을 『파리의 느릅나무An Elm Tree in Paris』라고 지었다. 롤라라는 이름의 캔자스 출신인 40세 여성이 자신이 사실은 프랑스 귀족과 물랭루주 댄서 사이에서 태어난 사생아라는 걸 알게 되는 이야기다. 롤라가 부유하지만 자식에 대한 책임을 지지 않는 아버지와 보헤미안처럼 자유분방한 어머니를 찾아 파리로 갔을 때 미스터리가 시작되고 3대에 걸친 가족의 음모가 펼쳐지게 된다. 예술품 절도 사건이라는 부차적 줄거리와 더불어 가벼운 사랑 이야기가 펼쳐지기도 한다. 세계에서 가장 아름다운 도시 파리의 위풍당당함이 흐르는 배경 속에서 사랑에 빠지지 않을 이유가 뭐가 있나! 조사하지 않고 글을 써야 했기 때문에 살바도르 달리나 파블로 피카소와 같이 내가 세세히 잘 알고 있는 예술가들만을 소재로 썼다는 것을 기억하길 바란다. 또한 모든 사건은 상징적인 파리의 거리나 유명한 관광 명소에서 일어났다.

『파리의 느릅나무』는 편집자들에 따르면 '일관성이 없는' 글이

지금 당장 시작하는 기술

었다. 일관적일 때도 있지만 그걸로는 충분치 않다. 그래도 나는 이를 성공이라고 부른다. 이 소설로 출세가도를 달리기 시작한 것은 아니지만, 완성된 1권의 책 그 이상의 것을 시작해냈기 때문이다. 이것으로 다음과 같은 일들을 시작했다.

1. 몸에 밴 매일 글 쓰는 습관.

2. 재밌고 오래도록 회자되는 친구들 사이의 유머 코드(그 책을 읽은 소수의 사람은 줄거리 속 몇몇 심각한 구멍, 챕터마다 이름이 바뀌는 이상한 캐릭터, 스페인에서 화장실에 들어가더니 다신 나타나지 않은 남자 캐릭터를 내게 상기시키기 좋아한다).

3. 나의 뮤즈이자 행복의 척도가 되어준 주인공 롤라에서 탄생한 나의 분신. 붐비는 커피숍에서 내 이름 '베키'가 불리는 것을 듣기 싫을 때 바리스타에게 알려주는 이름이다.

4. 주로 파리와 프랑스 남부로 소규모 그룹 여행을 이끄는 '롤라와 함께하는 여행'이라는 이름의 꿈꾸던 삶을 위한 여행 사업. 여행은 재밌는 소설 속의 뒷이야기를 테마로 진행된다. 여행객들은 롤라의 시선으로 프랑스를 보게 된다. 보헤미안 어머니와 귀족 아버지를 찾아 나서는 롤라를 따라가며 관광객들은 좀처럼 가지 않는 파리의 구석구석을 신기한 듯 정처 없이 거닌다. 롤라와 함께하는 여행에서는 많은 카페를 방문하고 사람들을 관찰할 수 있다. 또한 줄 서서 무언가를 기다리는 경우는 거의 없다.

알고 보니 나는 타고난 소설가가 아닐지도 모르겠다는 생각이

들었다. 하지만 나는 작가다. 글쓰기를 매일 시작하기 전까지는 확신이 들지 않았다.

규칙을 다시 쓰기

곰곰이 생각해보면 "다시 돌아가 읽지 않고 조사하지 않는다"라는 규칙은 일종의 규칙 세우기로 위장한 규칙 파괴다. 나는 이것을 '규칙을 거부하는 일깨움'이라고 부른다. 마무리 단계에서나 필요한 규칙들로 곧바로 향하지 않고, 이를 우회해서 창의력이 계속 추진력을 발휘할 수 있도록 도와주기 때문이다.

작가들은 필요조건을 줄이는 것이 가장 좋은 규칙이라는 걸 누구보다 잘 알고 있는 것 같다. 창의성을 더 잘 발휘하기 위해서는 스트레스를 더하는 게 아니라 떨쳐내야 한다는 것이다.

작가들의 작가로 통하는 앤 라모트[1]는 최고의 글을 쓰기 위해서 압박감을 내려놓는 유명한 규칙 두 가지를 소개했다.

- ✓ 짧은 과제
- ✓ 엉망진창인 초안

---

1   Anne Lamott. 미국의 소설가이자 에세이스트, 대중 강연가, 사회운동가로 대중적인 인기를 누리고 있는 작가다. ─옮긴이

라모트의 책『쓰기의 감각』에서 그녀는 짧은 분량의 과제가 어떻게 우리의 기대감을 줄여주고, 작은 일들을 완료해냄으로써 어떻게 자기 자신에게 상을 줄 수 있는지를 설명한다.

엉망진창의 초안은 우리에게 가장 먼저 떠오르는 것부터 시작할 수 있는 허가서를 준다. 우리가 우리 자신에게 관대해지도록 한다. 무엇보다도 이 허가서는 여러 단계 중에서도 우리가 초안을 작업하고 있음을 상기시켜준다.

아주 엉망인 초안은 아주 좋은 첫 단계다. 작가 스티븐 킹은 책을 정말 많이 썼는데 자신이 책을 몇 권이나 썼는지에 별 관심이 없는 것 같다. (아마 60권 이상 썼을 것이다.) 그는 자신의 책『유혹하는 글쓰기』에서 어휘, 문체, 용법 및 언어에 보내는 사랑의 편지를 쓴다. 하지만 초안과 시작하기에 대해서 말할 때는 우리가 모두 기다려온 다시 쓰인 규칙을 전해준다. "문법에 집착하지 말아라."

나는 이에 덧붙이고 싶다. "구두점, 맞춤법, 단어 선택, 생각을 정리하는 데 방해되는 것들에 집착하지 말아라. 이 모든 것에 대해서는 나중에 호들갑을 떨어도 된다. 다른 사람이 해주면 더 좋겠고."

규칙을 거부하는 일깨움은 쉽게 또 열렬한 마음으로 시작할 수 있는 자세를 잡아준다. 우리에게서 아이디어를 앗아가는 규칙에 얽매이도록 하는 게 아니라 아이디어를 행동으로 옮길 수 있도록 우리를 해방한다.

당신이 작가가 아니라 마네킹 디자이너, 조경사, 케일 편식 활동가라면, 당신의 다음번 시작을 가능하게 해줄 수도 있는 규칙을 깨는 규칙에 대해 생각해보자. 이 글쓰기 규칙은 그 밖의 아주 창의적인 시작에도 문제없이 적용할 수 있다.

✓ 짧은 분량의 과제

우리 모두에게는 자신이 발전하고 있다는 느낌이 필요하다. 작은 것부터 서서히 나아가는 시작은 우리가 현재라는 순간에 머무를 수 있도록 하고 부담감을 없애준다.

✓ 되짚어보기 및 되돌아가기 금지

쓸데없는 것에 발목 잡혀 어제의 일을 살펴보지 마라. 추진력이 앞을 향해 나아가도록 해라.

✓ 조사하느라 지체하지 않기

이에 대해 올바르게 짚고 넘어갈 필요가 있는데, 조사는 꼭 필요한 과정이기 때문이다. 조사로부터 좋은 아이디어가 생겨나고 나쁜 아이디어를 놓아주게 된다. 사실 조사는 많은 창작물을 만들어낸 첫 번째 행동 단계이며, 많은 창작을 위한 의식 활동의 일부다. 하지만 우리가 무엇을 창작하느냐에 따라 조사는 자기 파괴가 될 수 있다. 집중 조사는 우리의 수평적 사고의 흐름에서 벗어나고, 창의성과는 거리가 먼 뇌의 부분을 활성화한다. 이러한 조사의 이면을 숙지하도록 하며, 조사에 얽매이지 말고 조사를 활용해 아이디어를 더 발전시킬 수 있도록 해라.

지금 당장 시작하는 기술

✓ **엉망진창인 초안**

첫 번째 관문을 통과했다고 해서 그것이 어떤 잠재력의 증거나 반증이 되지 않는다. 일을 시작하는 데 필요한 하나의 단계일 뿐이다. 일단 써라.

✓ **(문법 같은) 너무 세세한 것에 집착하지 않기**

아이디어가 생겨나는 시작 단계는 정확함이 요구되는 시기가 아니다. 정확성이 아닌 창작에 먼저 집중해라.

이것을 규칙이라고 생각하지 않을 수도 있겠지만, 이는 "분에 넘치는 일을 시작하지 마라" 또는 "나중에 후회하는 것보다 조심하는 것이 낫다"와 같은 교훈이자 금언, 불문율과 마찬가지로 우리에게 강력한 영향력을 미칠 수 있다. 자신이 가장 창의적인 작업을 펼칠 수 있도록 해주는 규칙을 찾거나 만들어라.

짧은 이야기들

당신은 지금 나의 6번째 책을 읽고 있다. 내 첫 번째 책은 내가 전에 말했던 초안이 엉망인 그 소설이었다. 재밌는 사실은 그 소설이 내 책 중 유일하게 출판되지 않은 책이라는 것이다. 내가 앞서 이 사실을 미리 말하지 않았나? 당신도 얼마든지 이렇게 하면 되겠다.

내 두 번째, 세 번째, 네 번째 책은 여자 친구들과 해변으로 여행을 가서 쓴 가볍고 알찬 책이라고 할 수 있다. 제목은 다음과 같다.

- ✔ 『나는 책을 쓰고 싶다 I Want to Write a Book』
- ✔ 『작가 친구를 더 많이 만드는 법 How to Have More Author Friends』
- ✔ 『신이 치즈를 발명한 날 The Day God Invented Cheese』

이 책들을 완성할 수 있었던 비결은 50단어 정도 되는 짧은 분량의 글쓰기를 유지했던 것이다. 이 책들을 출판할 수 있었던 비결은 이 책들을 직접 제본하고 1부만 출간했던 것이다. (혹시나 궁금해할까 봐 하는 얘긴데, 작가인 친구를 더 많이 두는 비결은 친구들에게 책을 쓰게 하는 것이다.)

책등을 스테이플러로 고정한 8쪽짜리 밝은 색상의 가로세로 7.7×10cm의 책 또는 책의 파격적인 바느질 상태를 떠올려보라. 196쪽의 빠르게 '작가 되기' 연습 활동으로 자신의 책을 출판할 수 있다. 기대하시라!

내 첫 4권의 책은 단 1권도 팔리지 않았다. 그러나 5번째 책은 베스트셀러다. 책『네 빨래를 스스로 하지 않으면 넌 혼자 죽고 말거야: 당신이 귀 기울여 듣는다고 생각한다면 엄마가 해줬을 조언 Do your Laundry or You'll Die Alone: Advice Your Mom Would Give If She Thought You Were Listening』은 2판 8쇄를 찍은 선물용 에세이다. 이 책은 어느 정도 좋은 평가를 받고 있으며 이 책으로 약간의 수익을 얻고 있다. 참 재밌는 사실은, 내 모든 책 중에서 이 책은 내가 실제로 출간을 생각하지 않고 쓰다가 책이 된 유일한 책이라는 점이다.

그러니까 내 말은 나는 이것을 책으로 시작하지 않았다는 것이다. 어느 기분이 안 좋은 날에 일기 쓰기로 시작되었다. 사실 그때는 기분이 안 좋은 날들의 연속이었다. 알다시피 내 딸들이 17살과 14살이 되었을 때, 엄마로서 나의 일은 거의 끝난 것 같았다. 딸들은 스스로 옷을 입을 수 있었고, 짜증 난 딸들의 눈알 굴리기 기술은 거의 완벽에 가까웠으며, 두 딸 중 하나는 운전을 했다. 자연스럽게 나의 존재는 잊혀갔지만, 나는 계속해서 딸들의 삶에 끼어들었다.

이제 더 적막해질 일만 남은 집에 앉아 있던 큰딸 테일러의 고등학교 3학년 첫날 아침, 나는 자녀들이 둥지를 떠나갈 때 모든 부모에게 엄습해오는 공포감에 대한 일기를 쓰기 시작했다. 내 아이가 내가 말한 모든 것을 대충 넘겨듣진 않았을까 하는 공포감 말이다. 테일러가 대학 지원 때문에 스트레스를 받아 하고, 가장 행복해야 할 해에 불행해하며 한 무더기 정도 되는 빨랫감도 제대로 빨지 못하는 것을 보면서, 나는 내가 육아에 실패했다고 생각했다. 시간은 속수무책으로 흘렀고 나는 딸이 꼭 알아야 하는 것들을 가르쳐주지 못했다. 그래서 나는 목록을 만들기 시작했다. 내 딸이 어떤 대학을 가든지와 상관없이 좋은 사람이 되기 위해서 꼭 알 필요가 있다고 생각한 것들을 늦게나마 적은 목록이었다.

1년 내내 딸이 휴대전화에서 눈을 떼지 않은 채 이런저런 일들을 하는 걸 보면 내가 나쁜 엄마처럼 느껴졌고 그럴 때마다 일기장을 찾았다. 이것은 생존을 위한 장치가 되었다. 시간이 지남에 따라 이것은 목록 그 이상, 단순한 재앙 그 이상의 것이 되었다. 이것은 작은 에세이, 추억의 기록, 세상일이 실제로는 그럭저럭 잘 풀린다는 것을 상기시켜주는 스스로에게 쓰는 메모가 되었다. 또한 이것은 내가 18년 전 삶을 시작시킨 인간(테일러)이라는 프로젝트는 완성된 프로젝트가 아니며, 나의 시작예술가적 에너지를 다른 곳에 쏟을 필요가 있다는 사실들을 서서히 수용할 수 있도록 해주는 나만의 치료법이기도 했다.

우리는 그 1년을 힘들게 넘겼다. 간신히. 그리고 테일러가 기숙사로 이사했을 때 나는 내 일기장의 50쪽 정도를 타자로 쳐 옮기고는 신입생이 받는 온라인 편지함에서 눈에 잘 띄길 바라는 마음으로 다음과 같은 제목의 이메일을 보냈다. "네 빨래를 스스로 하지 않으면 넌 혼자 죽고 말 거야."

며칠 후 테일러는 답장을 보내왔다. "엄마, 이 이메일 재밌어요. 룸메이트들도 그렇게 생각한대요. 이런 건 책으로 내야 해요. 여기에 엄마의 그림을 더 추가해서 내년에 테스가 고등학교 졸업할 때쯤까지 끝내는 게 좋겠어요."

아이들이 말을 듣지 않을 때 깨닫게 되는 한 가지가 있다. 아이들을 가르칠 수 있는 유일한 수단은 바로 부모 자신이 본보기가 되어야 한다는 것이다. 그렇기에 작가가 되고 싶어 하던 테일러가 내 글을 세상에 내놓으라고 했을 때 나에겐 선택의 여지가 전혀 없었다.

그래서 다시 시작했다. 나는 내가 쓴 것들을 새로운 눈으로 보기

지금 당장 시작하는 기술

시작했다. 어떤 것이 보편적으로 통하는 내용이고 어떤 것이 우리 가족만의 농담인가? 얼마나 퉁명스러워야 과하게 퉁명스러운 것인 가? 이렇게 생각하며 내용을 더하기 시작했고 계속해서 다시 시작 하기 위해 글쓰기로 돌아왔다. 누군가는 그만둔 거 아니냐고 할 테 지만 나는 1,000번을 거듭하다 말다 했다. 그러나 그건 단지 잠시 멈춤이었을 뿐 창작의 일부였다.

출판 과정을 조사해보니 저작권 대리인을 구하는 데 몇 달이 걸 리고, 출판사를 확보하는 데도 몇 달이 걸리며, 출판사가 책을 출간 하는 데도 1년 이상이 걸린다는 걸 알게 되어서 출판 과정에 대해 자세히 살피는 일을 차일피일 미뤘다. 앗! 내 마감 기한인 테스의 졸 업이 1년도 채 남지 않았다.

그래서 나는 자비출판을 하기로 했다. '진짜' 작가들은 주류 출 판사로 출판하는 게 아니면 책이 팔리지 않거나 높이 평가받지 못할 것이라며 자비출판은 현실 도피라고 말했다. 인터넷의 자비출판 형 식으로 출판된 책들이 획기적인 성공 사례를 만들어내고 있음에도, 작가 친구들은 내가 스스로 출판한 책은 '진짜' 책이 아니라고 했다. 하지만 내게는 선택의 여지가 없었다. 시간이 없었다.

마케팅 회사를 운영했기에 인쇄물을 어떻게 하면 가장 멋져 보 이게 만들 수 있는지를 알고 있었다. 하지만 이는 도전이었다. 내 책 을 가장 명성 있는 출판사의 책을 능가하는 품질의 예술 작품으로 만들어내겠다고 결심했다. 인쇄업을 하는 친구에게 희망하는 인쇄 비를 제시하고는 다른 과정은 생략하고 내 컴퓨터 앞에 앉아 출판사를 차렸다. 출판사 직원이나 새 주소는 필요하지 않았다. 단지 몇 가지 서비스 계약을 맺고 몇 가지 서류를 제출하기 위해 변호사 비용을 지불했다. (항상 변호사가 필요하다.)

큰 출판사가 큰 책을 내기 위해 하는 일을 나의 출판사가 나의 작은 책을 내기 위해 똑같이 했다. 편집자와 교정자를 찾고, 표지 구성과 내지 디자인을 위해 디자이너를 고용하고, 미국 의회 도서관에 책을 등록하고, 국제표준도서번호인 ISBN 번호를 받았다. 인쇄소, 창고, 유통점과 계약을 맺었기에 차 트렁크를 열고 책을 팔 필요는 없었다. 그리고 남편은 마침내 서점 데이트를 하다가 책장에 꽂혀 있는 내 책을 찾을 수 있었다.

여기서 이 긴 이야기를 잠깐 멈추고, 심금을 울리는 위대한 어머니 이야기 속에 묻혀 놓쳐버렸을 수도 있는 요점을 짚고 넘어가자. 내 출판사가 한 모든 일, 당신 또는 모든 시작예술가가 한 모든 일을 인터넷으로 할 수 있다. 사실 이는 지독하게도 성가신 일로 그냥 하지 않기로 할 수도 있다. 허리띠를 졸라매야 할지도 모르고 고펀드미[2]에서 크라우드펀딩을 해야 할 수도 있지만 누군가의 선택을 받을 필요도, 공식적으로 임명받을 필요도, 어떤 자리에 초대되어 누군가 꼬치꼬치 캐묻는 질문에 대답할 필요도 없다.

나는 5월에 딸 테스의 졸업식에 딱 맞춰 『네 빨래를 스스로 하

---

2 GoFundMe. 미국의 영리적 크라우드펀딩 사업 플랫폼. ─옮긴이

지금 당장 시작하는 기술

지 않으면 넌 혼자 죽고 말 거야』의 초판을 출간했다. 졸업식 날 딸과 친구들에게 그 책을 줬다. 빈둥지증후군으로 슬퍼하는 엄마들이 자신의 품속을 떠나는 아이들을 꼭 껴안으면서도 아이들에게 잔소리를 할 수 있도록 책을 나눠줬다. 내 이름과 내 말이 담긴 책을 갖게 되었다. 더 중요한 것은 내 마음이 거기에 담겨 있다는 것이었다.

그 책은 정말로 나를 구했다. 큰딸이 고3이 되던 해에 시작해 작은딸이 내 둥지를 떠나 텅 비게 된 날까지, 나의 창작물은 내가 가장 두려워하는 재시작점으로 부드럽게 이끌었다. 나는 스스로를 구하려고 이 일을 시작한 것이 아니었다. 책을 쓰고자 시작하지도 않았다. 그냥 어느 날 내 마음속에 있는 생각들을 쓰기 시작했을 뿐이었다.

일시 정지할 권한

나는 당신을 모르지만 당신이 수천 가지의 일을 시작하고 끝냈다는 것을 안다. 그리고 그 과정에서 수만 번 일시 정지를 하거나 일을 멈췄다. 당신은 그만둔 게 아니다. 잠시 멈췄을 뿐이다. 당신은 아무 잘못도 하지 않았다.

프로젝트를 제쳐둬도 괜찮다. 시간이 촉박해도 괜찮다. 멈춰도 괜찮다. 많은 것을 창작해내면 창작 과정에 대한 믿음이 생기게 된다. 우리는 창작 과정이란 어떤 체계로, 여러 단계와 엉망인 상태로, 또한 중단으로 이뤄졌다는 것을, 헛된 것이란 없고 심지어 중단조차

헛되지 않은 과정이라는 걸 배운다.

우리가 멈춘다면, 우리는 멈춘다. 시작예술가는 중단을 '휴식' 또는 '휴게' '중간 휴식'이라는 다양한 이름으로 부를 수 있겠지만, 절대로 이를 '포기' 또는 '실패'라고 부르지는 않을 것이다.

시작예술가는 멈춤을 의미 있게 만드는 법을 배움으로써 성장한다. 우리는 어디서 멈출지 또 어떻게 다시 시작할지 결정한다. 또한 우리의 창작물을 위해 어떻게 다시 돌아올지, 무엇을 먼저 할지 결정한다.

그림 그리기를 시작한다면 "이 부분에 쓸 파란색 물감을 만들기 위해 혼합 시작하기"라고 쓰인 포스트잇 메모를 남길 수 있다. 소설을 쓴다면 페이지 상단에 "닥터 스트레인지글로브는 새 조수를 위해 저녁 식사를 준비 중이다. 새 조수는 리소토를 좋아한다"라고 줄거리에 대한 쪽지를 남길 수도 있다. 작가는 종종 이런 기술을 사용해 다음 작업 과정의 부담을 덜어낸다. 교육자, 발명가, 비즈니스 혁신가나 예술가들도 자신만의 기술을 활용한다.

우리가 하루 또는 일주일 동안 하던 일을 멈출 때 우리는 뇌에 과제를 줄 수 있다. 다음과 같이 뇌에 질문하거나 우리가 자는 동안 일을 하라고 말하자.

"저, 뇌야. 있잖아, 부탁이 있는데 내 연설에서 요점을 잘 전달할 만한 비유 표현을 좀 찾아줄래? 군중이 모여든 장면을 잘 표현할 만한 예술적 표현 방식을 하나 만들어줄래? 나의 가장 큰 고객들이 정말 원하는 게 뭔지 알려줄래?"

이 과제는 자연스럽게 재시작점이 된다. 그렇게 재시작점이 명확해지면 자신 있고 집중력이 생긴 듯한 느낌이 들며 다시 시작하게 된다. 전에 어떤 일을 그만뒀던 지점에서 우리는 다시 그 일에 빨려 들어가게 되고 신경세포 간의 연결이 폭발적으로 활발해진다. 영감은 이런 상태에서 우리에게 빠르게 찾아온다.

대부분의 시작은 재시작이다

재시작은 출발선에서 돌진하는 것만큼 섹시하지는 않지만 우리의 창작물은 궁극적으로 재시작으로 만들어진다. 가장 자랑스러웠던 완성의 경험을 돌이켜보면 몇 번의 장대한 첫 시작과 셀 수 없는 재시작으로 이뤄져 있음을 알 수 있다.

미완성이 항상 집중의 문제는 아니다. 이는 종종 다시 불을 지필 수 있느냐의 문제다. 간단히 말해, '완료'는 매일같이 다시 작업으로 돌아옴으로써 이뤄진다. 걸작은 신중히 멈추고 다시 시작함으로써 만들어지며, 열정과 상상력을 되살림으로써 만들어진다. 상상하고 매일매일 반복해라.

재시작이 항상 창의적으로 느껴지지는 않다는 걸 인정한다. 때로 프로젝트를 진행하는 것은 답답한 마음으로 이곳저곳 쇼핑하러 돌아다니는 것과 같다. 질문하고, 남의 의사를 떠보고, 이메일 답장이 오길 기다리고, 답장이 오길 애걸복걸하고, 그러고는 절대 답장이 오지 않을 거라는 걸 깨닫고 새로운 방식으로 처음부터 다시 시작하는 것이다.

이 순간들이 당신의 흥미진진한 창작물을 행정적 작업 또는 반복적인 작업처럼 느껴지도록 두지 마라. 'A' 게임을 펼치자. 여기서 'A' 게임이란, 자신의 최고 기량을 뽐내라는 것을 뜻하는 그 A 게임의 A가 아니라 '다시Again'를 말한다.

해야 할 일 목록에 적힌 일들을 하나씩 해치워 나가는 대신, 재시작을 불 지피기 과정처럼 여기거나 필요에 따른 의식 행위로 만들어라. 의식을 행하면 심사숙고의 상태로 의식적으로 돌입하게 된다는 것을 기억해라. 깊이 생각한 질문이 과정을 총괄한다. 목표를 다시 바로 세울 수 있도록 명확한 기회를 새로 가져다주는 질문을 활용해라. 다음과 같은 질문들 말이다.

- ✓ 무엇을 배웠는가?
- ✓ 무엇을 바꾸거나 멈춰야 하나?
- ✓ 주목할 필요가 있고 새로운 아이디어가 필요한 문제는 무엇인가?
- ✓ 어떻게 하면 이를 더 재밌고 의미 있게 만들 수 있을까?

자신의 감정 상태에 주목해라. 마법 같은 첫 시작 단계에 걸게 되는 기대를 활용해보라. 열정과 낙관주의, 호기심을 불러일으켜라. 창작 과정을 믿어라.

지금 당장 시작하는 기술

재밌는 일이 끝난 후 다시 시작

모든 성공적인 창작물에는 "재밌는 일은 다 끝났어!"라고 외치는 것 같은 재시작 시기가 있다. 기업가는 자신이 창작자라기보다는 인적자원 관리자처럼 느끼고, 예술가는 자신이 화물 취급인처럼 느끼며, 건축가는 자신이 하청업자라고 느끼며, 작가는 자신이 순회공연 호객꾼처럼 느낄 때가 있다.

어깨에 힘을 풀고 자신에게 주어진 특권을 떠올려보고 친구에게 전화를 걸어보라. 독자를 찾고, 회사를 세우고, 팟캐스트를 홍보하는 이런 행동은 우리의 창작물만큼이나 영감으로 가득 차 있다. 그러니 모든 일을 적극적으로 받아들여라.

책이 숲에 떨어졌는데 그 책을 아무도 읽지 않는다면, 그건 정말 책일까? 내 책이 시기적절하게 졸업 선물용 책에서 베스트셀러 도서가 된 것은 정말 생각해본 적도 없었던 재시작의 일화였다. 당연히 나는 많은 사람이 내 책을 사길 바랐다. 또한 물론 본전을 찾고 싶었다. (정말이지, 책 디자인과 인쇄에 수천 달러를 썼다. 모든 책이 많은 초기 비용이 드는 것은 아니지만, 내 책은 그림이 포함되어 있었기에 양질의 디자인과 인쇄술을 위한 값을 지불하기로 결심했다. 그러고는 값싼 와인을 마시고 손톱 관리도 받지 않았기에 이건 사치를 부린 거나 마찬가지였다. 하지만 일반적으로 책을 인쇄하는 데 이렇게 많은 돈을 들일 필요가 없다.)

내 작은 책을 시장에 내놓았더니 독자를 찾는 네 도움이 되었다. 웹사이트를 만들고 소셜미디어 계정을 만드는 등 모든 걸 했다. 책

은 졸업 시즌 내내 독립 서점과 아마존에서 아주 잘 팔렸고, 개학 시
즌에 매출이 급증했다. 그런 다음 가을 내내 판매는 강세를 유지하
다가 대학 필수품 선물 꾸러미로 인기를 얻었다. 나는 정말 신이 났
었다. 내 출판사와 출판사 직원들은 엄청난 일을 해냈다. 1년 만에
나는 투자금 대부분을 회수했다.

자비출판으로 책이 더 잘 팔릴수록 주류 출판사들이 그들의 숨
겨진 근육으로 무엇을 할 수 있을지 더욱 궁금해졌다. 자비로 출판
한 책이 잘 팔리면 출판사들이 그런 책들을 골라 직접 팔기도 한다
고 들었다. 『부자 아빠 가난한 아빠』『그레이의 50가지 그림자』가
대표적이다. 금융 길잡이 책과 에로틱한 소설도 되었는데 퉁명스러
운 어머니의 충고는 안 된다는 법이 어딨나!

나는 인터넷을 뒤지고 몇몇 작가 대리인들에게 책이 얼마나 많
이 팔려야 출판사의 레이더망에 걸릴 수 있는지 물었다. 일부 대리
인은 수만 권은 팔려야 한다며 터무니없이 높은 숫자를 댔다. 그런
데 어디선가 7,000권이라는 굉장히도 구체적인 숫자를 들었는데 듣
고 보니 두렵지 않았다. 무언가 마법 같은 일이 일어날 거라는 생각
이 들었다. 이것은 나의 특별한 숫자가 되었다. 나는 이미 몇천 권을
팔았지만 7,000권에 도달하기 위해서는 이를 반복해서 해내야 했
다. 그리고 크리스마스가 다가오고 있었다! 마케팅을 재개하고 다시
힘을 냈다.

몇 달 후 딸 테스를 보러 시카고주의 드폴대학교에 갔다가 캔자
스시티로 돌아오는 길에 눈보라를 뚫고 주간고속도로 제55호선 남

　　　지금 당장 시작하는 기술

향 선을 달리던 중 전화가 울렸다. 내가 모르는 시카고주의 번호였다. 전화를 받지 않았는데 테스 친구가 건 전화며 무언가 잘못된 것은 아닐까 하는 걱정이 들었다. 그런데 그 전화는 '진짜' 출판사에서 온 전화로, 내게 '진짜' 출판사를 원하는지를 물었다.

"아, 네. 그런 것 같아요."

『네 빨래를 스스로 하지 않으면 넌 혼자 죽고 말 거야』는 7,000부 이상 판매되었으며, 더 중요한 건 크리스마스 기간의 몇 주간 해당 분야에서 아마존 베스트셀러 1위를 했다. 나에게 전화를 건 출판사는 해당 분야에서 1위를 차지했던 또 다른 책을 출판한 바 있었고, 이 책은 출판사의 관심을 끌었다. 나는 변호사와 상담하고 저작권 대행사를 막 시작한 시작예술가 친구의 회사와 계약을 맺었다. 우리는 계약 내용을 협상했고 그렇게 재시작의 역사를 썼다.

작가 지망생을 위한 이 우화의 요점은, 내 작은 책인『네 빨래를 스스로 하지 않으면 넌 혼자 죽고 말 거야』는 수백 번의 재시작으로 이루어진 해피엔드라는 점이다. 이 책은 한 단어로 된 글부터 종이 인형 오려내기 도안, 작은 에세이, 정교한 그림에 이르기까지 10여 점의 그림과 270편의 글이 수록되어 있으며, 모두 다른 날에 다른 영감을 받아 만들어졌다. 그것들 중 그 어떤 것도 책이 될 거라고 생각하지 못했다.

지금 바로 고등학교나 대학교를 졸업하는 딸이 없다면 사지 않을 이 작은 책에 대해 많은 페이지를 할애하면서까지 이야기하는 이유는 다음과 같다. 바로 자신의 이야기를 들려주는 게 가장 훌륭한 이야기를 만드는 방법임을 보여주는 '시작으로 빼곡한 본보기'이기 때문이다.

자신의 아이디어를 행동으로 옮기고 자신 앞에 놓인 재시작을 따라갈 때, 결코 계획할 수 없었을 마무리에 도달하게 된다. 내가 "일 또는 작업"이라고 말했나? 이는 '자신의 창작물을 다음 단계로 나아가게 하는 재시작의 기회'라는 뜻이었다.

당신의 이야기와 재밌는 일부분으로 돌아가보자. 나는 애정 어린 마음으로 당신에게 간청한다. 자신의 이야기를 시작해라. 그것은 책이 될 수도, 시나리오가 될 수도, 노래나 비밀 일기가 될 수도 있다. 또한 스토리코프스[3] 녹음이 될 수도 또는 틱톡으로 만든 다큐멘터리가 될 수도 있다. 처음부터 시작해라. 또는 오늘 먹은 아침 식사로 시작해라. 아니면 자리에 가만히 앉아 있을 수 없었던 초등학교 3학년 때의 이야기로 시작해라. 또는 자신이 잘 알고 있거나 잘할 수 있는 이야기를 들려줘라. 시작하고 싶게 만드는 주제를 선택하고 과정이 당신을 이끌게 해라.

우리가 모두 다 작가는 아니지만, 우리는 모두 들려줄 이야기를 가지고 있다. 나는 자신의 이야기를 들려주다가 자신이 작가라는 사실을 알게 된 사람들을 여럿 만나봤다. 몇몇은 그렇게 진짜 작가가 되기도 했다.

---

3 미국의 비영리기관으로, 다양한 배경을 가진 사람들의 이야기와 믿음을 기록하고 보존하고 나누고자 하는 단체다. ─옮긴이

시도해보고 싶은가? 지금 당장 해보는 건 어떤가? 나는 1시간도 안 되어서 누구든 작가가 되게 하는 시스템을 만들었다. 물론 우스갯소리긴 하지만 한번 해보라. "제가 제 첫 책을 작업 중일 때 어땠냐면요…"라고 말하는 건 즐거운 일이다.

작가 되기

20~60분

1. 어떤 종류의 책을 쓰고 싶은지 결정하자
회고록? 실용서? 소설?

2. 자신의 책을 만들자
가로세로 216×279mm 판형의 인쇄용지를 구해라(북미 이외의 곳에서 보통 표준 용지 크기는 210×279mm다).

- 용지를 세로로 반 접는다. 가장자리를 반듯이 잘 맞추도록 해라.
- 이제 그걸 또 반으로 접는다.
- 다시 한 번 그걸 반으로 접는다.
- 그렇게 그 종이를 세 번 접고 나면 크기가 약 11×7cm가 된다.
- 접혀 있는 긴 쪽 가장자리(책등)를 잡고 책이 잘 열릴 수 있도록 접히지 않은 나머지 모든 세 면을 가르고 다듬어라.

표지와 12페이지로 구성된 총 16페이지의 책이 있다. 이제 왜 책이 16의 배수로 인쇄되어 나오는지도 이해하게 되었을 것이다. 1페이지만 추가하고 싶더라도 결국 16페이지를 추가해야 하기에 그 16페이지 전체에 대한 값을 지불해야 한다. 저자 또는 출판인이라면 이 사실을 알아야 한다.

3. 글쓰기를 시작하자
첫 번째 오른쪽 페이지에서부터 시작한다. (지금으로선 표지를 비워둬라. 글을 끝내고 나면 더 나은 제목이 떠오를 것이다.) 요점에 다다를 때까지 간결하고 효과적인 글을 써라. 지면이 많지 않다.

'실용서'를 쓰고자 한다면, 다음과 같은 형식을 활용해라.

모든 이는 _____을(를) 어떻게 해야 하는지 알아야 한다. 왜냐하면 _____ (이)기 때문이다. 방법은 다음과 같다. (단계 나열)

'작은 전기'를 쓰고자 한다면, 다음 형식을 활용해라.

내 삶은 (혼란스러웠다, 흥미진진했다, 평범했다, 특별했다).
(과거의 날짜)의 생생한 기억을 예로 들어보고자 한다.
(시간, 장소)에(서) 잠을 깨고는 (어제 일)을(를) 했다.

4. 표지를 만들자

책 제목을 지어라. 검열을 절대 통과하지 못할 만한 이상하고 아주 멋진 이름으로 지을 것을 제안한다. 또는 다음과 같이 고전적인 제목도 좋다.

_____하는 법
또는
_____ 이야기

제목 밑에 "(자기 이름) 지음"이라고 써넣자.

5. 제본할 시간이다!

책등을 스테이플러로 고정하거나 유튜브에서 배울 수 있는 사철제본(실제본) 방법을 사용해 멋지게 꿰매보자.

6. 책을 팔고 싶은가?

나는 이 진귀한 물건을 당신의 아이들을 위해서나 박물관 소장을 위해 잘 모셔두고 싶지만, 나만 그러고 싶은 것 같다. 첫 책 판매를 매진시키는 것은 우쭐할 만한 일로, 꼭 그렇게 되길 바란다면 원하는 가격을 적어 소셜미디어에 올리고 한정판이라는 점을 반드시 언급하자.

축하한다! 당신은 시작예술가이자 작가, 제본가 또한 출판가다. 당신의 능력을
선한 일에 사용하기를 바란다.

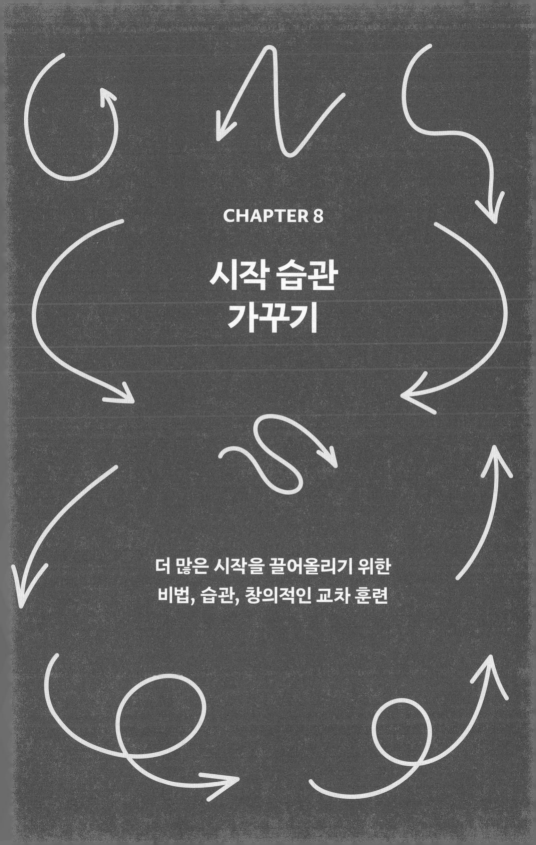

CHAPTER 8

시작 습관 가꾸기

더 많은 시작을 끌어올리기 위한
비법, 습관, 창의적인 교차 훈련

시작 근육은 비밀 무기다. 사람 몸과 마찬가지로 창의적인 근육 집합은 아주 작고 발음하기도 어려운 명칭의 부분들로 이루어져 있으며 서로 밀접히 연관되어 있는 네트워크인데, 우리는 대부분 이를 무시하며 살아간다.

창작자들은 각기 다른 근육을 선호하고 다양한 강점과 기술에 의존한다. 예를 들어 시각예술가는 겹겹이 겹치기, 주제, 색상, 미묘한 차이 등으로 구성된 창작 과정에 익숙함을 느낀다. 발명가는 시제품, 신모델, 실험에 친숙하다. 교사는 언어, 삼단논법, 설명, 스토리텔링 기술을 사용한다. 기업가는 위험 요소 평가, 마케팅, 효율성, 제품 개발, 물류, 성공적인 확장 기술을 키우고자 한다.

이러한 기술들을 가지고 행하는 교차 훈련은 유용하다. 예술가와 비즈니스 혁신가는 이를 알고 있다. 이것이 바로 기업에서 생산 팀을 도예 교실에 파견하고 예술가 조합이 비즈니스 세미나를 개최하는 이유다. 그렇다면 다른 분야 간 교차 훈련으로 시작 과정에서의 가능성을 얼마나 더 크게 늘릴 수 있을지 상상해보자.

아이디어를 발전시키기 위한 교차 훈련이 필요하다면 건축가처럼 상상하고, 로봇 디자이너처럼 가능성을 철저히 따져보고, 요리사처럼 결정하고, 즉흥 코미디 연기자처럼 행동할 수 있어야 한다. 그런데 창의적인 근육이 정말 그렇게 움직일까? 시작예술가적 운동선수에게 물었다.

헤비급 선수처럼 시작하기

캠 어섬은 고등학교 졸업 무도회를 위해 몸을 만들고자 복싱을 시작했다가 7번의 전국 선수권대회 우승, 4번의 권투 골든글러브상, 2012년과 2016년 미국 올림픽 대표 선수 선발전에서 우승하는 등 화려한 복싱 경력을 쌓게 되었다.

캠은 23살에 인생을 다시 시작하겠다고 결심하고는 멋진Awesome 이름, 즉 어섬Awesome으로 이름을 바꿔 지었다. 많은 시간을 마약과 술, 불량 식품으로 보내며 캠은 실업 상태에 머물러 있었고, 친구가 너는 마약과 술 없이는 한 달도 채 살지 못할 것이라며 내기를 걸었던 것에 마음이 혼란스럽고 갈팡질팡했다.

지금 당장 시작하는 기술

"4주간의 금욕이 끝나갈 즘이 되니 기분이 정말 좋았고, 계속 그렇게 하고 싶었어요. 모든 걸 개선하고 싶었어요." 캠이 말했다. 그래서 그는 자신의 이름을 바꾸고 채식주의자가 되었으며 복싱 경력을 이어나가기 위해 훈련을 시작했다.

사람들의 관심 밖에 있던 젊은 시절을 보내고, 캠은 자신이 20대에 갈망했던 관심받는 법을 배우기 시작했다. 먼저 그는 권투 경기에서 승리해 찬사를 받았다. 그러고는 그렇게 쌓아온 자신감으로 특출난 유머 감각을 길렀다. 캠은 권투경기에서 승리를 거둔 후 미디어 인터뷰에서 과장된 행동을 펼치며 군중과 카메라 앞에서 장난기를 발휘했다. 팬들은 그의 이런 모습을 매우 좋아했다. 또한 캠은 사람들을 웃기는 걸 좋아했다. 그리고 머지않아 코미디 공연이 열리는 클럽의 자유 무대에 서게 되었다.

이 웃긴 헤비급 권투 선수가 엄격한 채식주의자라는 소문이 나자 캠은 채식주의자 콘퍼런스에 사회자로 초대되었다. 그러는 동안 그의 권투 경력은 일반 경기에서 챔피언전으로 옮겨가고 있었다. 하지만 결국 28세의 캠은 자신이 권투장보다 창의적인 공연 무대를 더 사랑한다는 것을 인정했고, 무대 위에서의 말하기 경력을 쌓기 위해 권투 시합계를 떠나기로 결심했다.

캠이 몸을 만들고자 했던 큰 동기는 어렸을 때 당한 괴롭힘에서 비롯되었다. 그는 자신의 경험이 다른 많은 아이의 공감을 살 수 있을 것을 알았다. 그래서 그는 왕따와 자존감에 대한 프레젠테이션을 만들고 고등학교에 선보였다.

학교들은 예산이 넉넉하지 않았기에 캠은 자신의 경비와 섭외료를 낮게 유지했다. 그는 자신의 섭외료를 감당할 수 없는 학교를 돕기 위해 비영리단체를 만들기까지 했다. "섭외료를 받을 수 있는 도시에 있다 보면 제 섭외료를 감당할 수 없는 학교를 보기도 하는데요. 그럼 무료로 합니다. 그게 옳은 일이라고 생각해요. 또 제 경력에 도움이 되고요." 캠이 설명했다.

캠은 1년 동안 전국을 여행하며 무대에서 말하고 관계를 쌓고 권투에서 배운 기술을 활용해 연설 사업을 시작했다. 첫해에 캠은 도시에 있는 209개의 학교에서 프레젠테이션을 했는데, 이는 1년 차 연사로서는 입이 떡 벌어지는 수치였다.

캠의 진취성과 빠른 성공을 보고 나는 궁금해졌다. 권투가 그의 연사로서의 성공에 어떤 영향을 미쳤을까? 그는 이 모든 것이 교차 훈련 덕분이라고 말한다.

✓ 분위기 파악하기

캠의 첫 청중은 권투장을 둘러싸고 피를 부르짖는 격투팬이었다. 다음 청중은 심야에 코미디 클럽 자유 무대를 관람하는 취객들이었다. 그다음은 10대들이었다. "저는 각 청중을 존중하는 법을 배웠고 다른 청중에게도 적용될 수 있을 법한 기술을 포착해내는 법을 배우게 되었죠. 야외에서 열린 채식주의 콘퍼런스에서 배운 요령을 언제쯤 떠들썩한 코미디 공연 청중들에게 적용할 수 있을지 모르겠어요." 캠이 말했다.

지금 당장 시작하는 기술

✓ **무대 위에서의 기술**

무대에 서는 것은 무대에 서기 위한 최고의 훈련이다. 캠에게 야단법석인 사람들과 안절부절못하는 아이들을 다루는 것, 기회를 노리는 것, 즉 흥적으로 행동하는 것은 모두 무대 위에 서서 자신에게 다가오는 여러 가지에 반응함으로써 쌓인 강점이다.

✓ **소재 검토**

캠은 의식적으로 아이디어를 생각하면서 끊임없이 상상한다고 한다. "공연하지 않을 때 저는 소재를 찾고 있어요. 저는 관찰하고, 듣고, 계속해서 휴대전화에 메모합니다." 캠은 아이디어를 재활용하곤 한다. 요리에 관련된 비유는 팟캐스트의 주제가 된다. 교육과 관련된 아이디어는 소셜미디어의 게시물이 된다. 싸움 후의 독설은 왕따 방지 연설의 소재가 된다.

✓ **두려움 제압**

훌륭하고 창의적인 아이디어가 떠올랐을 때 우리가 이 아이디어를 행동으로 옮기지 않는 유일한 이유는 두려움 때문이라고 캠은 말한다. "다치지 않을까 하는 두려움을 없애고자 몸을 만들었죠. 이제 저의 유일한 진짜 두려움은 창피함입니다." 두려움과 창피함에 대한 반응은 같다고 그는 말한다. "이에 대비하고 신경 쓰지 않도록 하세요."

✓ **펀치에 맞은 후 뛰어오름**

캠은 다음과 같이 설명한다. "펀치를 맞고 쓰러지고 나면 8까지의 카운트가 이어집니다. 8초의 카운트요. 2초 만에 일어나면 그 8초 동안 정신 차릴 시간을 가질 수 있죠. 10초간 쓰러져 있으면 그 라운드에서 지게 됩니다." 캠은 이러한 과정을 자신의 창의적인 작업에 적용한다고 한다. "우리는 넘어졌을 때 본능적으로 반드시 뛰어올라야 해요."

캠의 교차 훈련은 성공적이었다. 2020년 3월, 코로나바이러스로 인한 세계적 유행병으로 학교와 코미디 클럽은 갑작스레 문을 닫았다. 채식주의 콘퍼런스도 취소되었다. 캠의 생계 수단은 하룻밤 사이에 사라졌다.

그는 한쪽 무릎을 꿇고 마음을 다잡기 위해 8초를 셌다. 그런 다음 그는 오리건주의 포틀랜드에 자리를 잡고는 그곳에서 3개의 팟캐스트를 시작하고, 재사용과 길이 조절이 가능한 음료 빨대 사업을 시작했으며, 마지막 공연에서 만났던 학교의 상담 교사와 새롭게 로맨스를 시작했다.

정치적, 사회적 분열로 가득했던 한 해가 지나자 캠은 자신의 연설 사업을 온라인상에서 재건해보고자 했다. 채식주의 콘퍼런스와 학교 연설은 온라인으로 전환할 준비가 되지 않았다. 하지만 캠은 새로운 기회를 마주하게 되었다. 기업들은 자사 직원들을 화합시키고 직원들에게 편견과 다양성을 올바르게 이해시키기 위해서 도움이 필요했다. 이것은 캠이 잘 알고 있는 주제였다.

흑인 남성인 캠은 이에 대해 깊이 생각해보기를 회피했지만, 흑인 남성으로서 암묵적인 편견을 평생 몸소 경험해왔으며, 아이들에게 이야기해본 경험을 토대로 청중에게 민감한 주제로 이야기하는 방법을 알고 있었다. 그는 그 주제를 파고들어 커리큘럼을 작성하고 몇 주 만에 새로운 연설 시리즈를 시작했다. 이 온라인 프레젠테이션으로 그의 수입은 3배나 늘어났다.

캠은 이 새로운 분야에서 완전히 독립적이었다. 연고도 없었다. 기업에서 프레젠테이션을 한 적도 없었다. 하지만 그는 자신의 힘으로 일어났으며 주저하지 않았다. 그는 바로 이를 위해 훈련해왔던 것이다.

우리가 가진 기술을 최대한 발휘하고자 할 때 우리는 자기도 모르게 교차 훈련을 시행한다. 그 결과, 빠르게 다가오는 아이디어를 잡기 위해 최고의 컨디션을 유지하게 될 것이며 그렇게 우리는 실행할 가능성을 높이게 된다.

당신의 시작예술가적 기술은 무엇인가? 어떤 근육 또는 유연성이 유용한가? 경기에서 어떤 강점을 활용하며, 그 강점은 다른 경기에서도 활용되어 경기력을 향상시킬 수 있는가?

창의적인 교차 훈련

모든 큰 아이디어는 결국 웹사이트, 마케팅 자료, 조사, 공개, 회의, 발표와 같이 그 자체로 창작 활동인 작입들을 필요로 하다. 또한 모두 연습으로 학습할 수 있는 기술을 사용한다.

다른 프로젝트들을 발전시켜줄 여러 시작과 함께 교차 훈련을 해보는 건 어떨까? 매주 다음 중 하나를 수행하도록 하자.

✓ **회의**

사람들을 모아라. 큰 시작은 회의와 협업이 필요하기에 창작자를 교착상태에 빠뜨린다. 또한 우리는 다른 사람들과 어떻게 관계를 맺을지 수줍어하거나 확신하지 못할 수 있다. 어쩌면 우리는 다른 이의 도움을 받을 자격이 없다고 생각할지도 모른다. 대체로 이는 우리가 연습해본 적 없기 때문이다. 조금씩 연습하자. 지인들을 초대해 커피 한잔하자. 투자자, 후원자, 또는 다른 시작예술가를 위한 유쾌한 모임을 열어보자.

✓ **질문**

질문을 만들고 답을 구해라. 시작예술가라면 자연스레 호기심이 생기기 마련이지만 답을 찾는 것은 우리가 연마해야 하는 기술이다. 좋은 질문을 제기하고 이에 대한 후속 조치로 가치 있는 답변을 얻기 위해서는 창의력이 필요하다. 고객에게 큰 사이즈 대신 왜 작은 사이즈의 제품을 사는지 그 이유를 물어봐라. 피스타치오 아이스크림 수요가 왜 증가하는지 또는 감소하는지 알아봐라. 최고 또는 최신 팟캐스트가 무엇인지 친구들에게 의견을 물어봐라.

✓ **체계**

다른 사람들에게 쉽고 간단하게 설명할 수 있을 만한 체계를 작성하거나

지금 당장 시작하는 기술

명확히 보여줘라. 어떻게 하면 이를 차근차근할 수 있을까? 이것은 중요한 훈련이다. 효율적으로 일하고 모든 과정을 추적할 수 있다면 우리는 더 많은 것을 시작할 수 있다. 잘 잡힌 체계와 과정은 도움이 된다.

✓ **수공예**

손으로 무언가를 만들어라. 그게 다다. 자신의 기술을 활용하거나 더 나아가 새로운 기술을 시도해봐라. 대략 스케치를 해봐라. 컵받침을 조각해 만들어라. 종이접기로 백조를 접어라. 손을 꺼내 이용해라. 손가락뼈는 두개골과 연결되어 있다. 이 점을 잊지 마라.

모든 것을 쏟아붓는 시작

시작예술가적 훈련에 참여하는 것은 체육관에 가는 일과 같다. 너무 많이 생각하지 않는 게 가장 좋다. 신발을 신고 그냥 가는 것이다. 내가 기억하기로는 이것이 바로 내가 스타트업 주간 행사에 간 이유다.

스타트업 주간 행사 Startup Weekend는 54시간 동안 누구나 새로운 사업 구상을 펼칠 수 있는 행사로, 150개 이상의 국가에서 매년 개최되고 있다. 당시 내 고객이었던 유잉 매리언 카우프만 재단은 캔자스시티의 네 번째 스타트업 주간 행사를 주최한 세계 기업가 정신 주간의 후원자였다. 그래서 나는 고객 연구라는 명목으로 이 행사에 참여했다.

70명의 사람이 각각 80달러를 지불하고 금요일 오후 7시부터 일요일 오후 3시까지 주말 내내 일을 한다. 그들은 낯선 사람들과 팀을 이뤄 아예 처음부터 직접 사업을 구상하고 발전시켜 전문가들의 평가를 받는다.

54시간 안에 로봇을 설계하거나 맥주를 만드는 일은 어렵기에 대부분은 인터넷 기반의 사업을 만든다. 이틀 만에 그들은 관련 조사, 비즈니스모델 설계, 제품 개념화, 브랜드 설립을 마치고 제품을 시장에 내놓기 시작한다. 몇몇 회사는 시제품을 만들고 코딩을 마쳐 일요일 오후에는 제품이 출시될 수 있도록 한다. 어떤 이들은 심지어 그 주말에 돈을 벌기도 한다. 회사 야유회에 대해 투덜거리는 우리 입을 꾹 다물게 하는 것만 같다. 안 그런가?

스타트업 주간 행사는 홍보 시간으로 시작된다. 우리 행사에서 각 참가자는 자신이 제안한 비즈니스 이름이 적힌 벽보를 들고 60초간 홍보를 한다. 그런 다음 우리는 검증된 포스트잇 투표 시스템을 사용해 아이디어를 투표한다. 모든 이가 3개의 포스트잇 표를 받았다.

가장 적은 수의 포스트잇 표를 받은 아이디어에는 (내 아이디어가 그랬다) 가능한 한 빨리 현실을 직시하고 지지를 살 만한 다른 아이디어를 찾아보길 권장되었다. 뜨거운 열기의 30분이 흐른 끝에 특정 사업 아이디어에 관한 관심보다는 팀장들의 팀원 모집 및 거부 능력에 따라 팀이 꾸려져서 아주 다양한 사람이 모인 팀이 탄생했다.

나는 좋은 취지를 가지고 이 행사에 참여했지만 내 아이디어에 자신이 없었다. 나는 검증된 사업 아이디어를 위한 온라인 정보 센터를 만들고 싶었다. 새로운 기업을 계속해서 설립하는 기업가들이 시간이 없어서 도저히 착수할 수 없는 아이디어를 내놓으면 다른 이들이 그 아이디어를 발견하고 시작할 수 있는 공간 말이다. 하지만 그 아이디어는 모호했고 비즈니스모델이 취약했다. 나 자신도 아이디어에 믿음이 없었고 이는 얼마 안 되는 포스트잇 득표 수로 분명히 나타났다.

나는 로이스 헤인즈라는 젊은 시작예술가의 팀과 그의 아이디어인 개어비앤비^{Dawgbnb}에 합류했다. 개어비앤비는 비행기를 타고 이동해야 하는 반려견과 그 반려견을 수수료를 받고 이동시켜줄 사람을 이어주는 사이트였다. 나는 그 아이디어에 다리가 있다[1]고 생각했다. 적어도 4개의 복슬복슬한 털로 덮인 다리가 있잖은가. 또한 재밌을 것 같았다.

그래서 나와 5명의 낯선 이(기술자 3명, 마케터 1명, 프로젝트 매니저 1명)로 이뤄진 우리 팀은 자리를 잡고 피자를 먹으며 역할과 결과물, 마감일에 관한 결정을 내렸다. 그때는 이미 밤 10시가 넘은 시간이었다. 몇몇 팀원들이 서서 소지품을 챙기고 있었다. '굉장해. 하지만 난 지쳤어.' 나는 생각했다. 차 열쇠를 가지러 가다가 팀원들이 탁자

---

1 Have legs. 영어 표현으로 어떤 아이디어나 계획이 성공할 가능성 또는 채택될 가능성이 있다는 뜻이다. ㅡ옮긴이

곁에 자리 잡는 걸 봤다. 그들은 떠나지 않았다. 그저 더 넓은 곳으로 이동한 것이었다.

잠잘 시간이 아니라 시작할 시간이었다. 그렇게 거기서 시작되었다. 모든 것을 전력으로 쏟아부었다. 대학생들이 카페인을 연료 삼아 들이키며 팀 프로젝트 과제를 하는 모습을 떠올려보라. 거기서 학생이 아니라 어른들로 바꿔보면 되겠다. 아무도 시계를 보지 않았다. 여자 친구에게 문자를 보내는 이도 없었다. 아름다운 일이었다.

참가자들의 평균 연령이 30살이라는 사실을 말하지 않은 것 같다. 나는 45살이었다. 그들은 내 직원이 아니었고 책임자 직책이 익숙했던 나도 그때는 책임자가 아니었다. 도전 의식이 들었으며 살아 있다는 느낌을 느끼며 그 주말을 보냈다. 토요일 일과는 아침 일찍 시작되어 밤늦게 끝났다. 일요일 일과는 아침 일찍 시작되어 팀 프레젠테이션을 끝으로 오후 3시에 일정을 마쳤다.

개어비앤비는 프레젠테이션 시간 동안 고객을 모집할 수 없었지만 그 비즈니스모델과 웹사이트는 놀라울 정도로 완성도가 있었다. 로이스는 기술성이 매우 잘 엿보이는 프레젠테이션을 펼쳤고 장면마다 있는 강아지 사진은 심사위원들을 즐겁게 했다. 개어비앤비는 공동 3위를 차지했다. 14개의 혁신적인 시작 단계의 사업들 중 3위란 말이다!

우리는 상금으로 무료 법률 서비스 패키지를 받았다. 팀원들에게 작별 인사를 하고 젊은 스타트업 천재 사업가가 된 것 같은 기분을 느끼며 일상으로 돌아갔다.

지금 당장 시작하는 기술

그 후 며칠 동안 몇몇 팀원들은 열심히 뭉쳐 개어비앤비를 진짜로 출시하고자 노력했다. 아아, 애석하게도 며칠간 문자와 이메일을 주고받아 보니 그 아이디어를 발전시키자고 우리가 생업을 포기할 수 없거나 포기하지 않을 거라는 게 분명했다.

우리는 각자의 길을 갔고 얼마 지나지 않아 다른 누군가가 완전히 똑같은 서비스를 제공하는 플랫폼인 '로버닷컴Rover.com'을 출시했다. 어플레이스포로버A Place for Rover라는 그 회사는 2021년 시가총액이 16억 3,000만 달러로 평가되었다. 아쉬워라.

우리가 재시작에 필요한 모든 것을 할 수 있는 습관을 가꿨을 때만 큰 아이디어를 먼저 쟁취해 착수할 수 있다.

어떤 사람들은 이미 철저히 검증된 사업 아이디어를 가지고 스타트업 주간 행사에 간다. 몇몇 사람은 금요일 밤 홍보 시간에 참석하러 가는 길에 아이디어를 생각해낸다. 또 다른 이들은 다른 사람이 구상해낸 근사한 스타트업 아이디어에 숟가락을 얹고 싶어 한다. 아주 일부는 에너지와 재능이 넘치는 사람들과 인맥을 쌓고자 왔다고 고백한다. 나와 같은 일부 사람들은 스타트업 주간 행사를 최고의 시작예술가 훈련으로 본다. 집중 훈련소다. 빠른 상상, 빠른 결정, 빠른 행동을 배울 수 있다.

몰입형 시작 경험은 다른 어떤 것과도 비교할 수 없을 만큼 우리를 성장시키고 우리가 가진 능력을 최대한 발휘할 수 있게 한다. 모든 것을 쏟아붓는 창의적인 몰입이 필요하다면 온라인에서 온갖 종류의 것을 다 찾아볼 수 있다. 스토리텔링 강좌, 코미디 쓰기 워크숍,

집중 요리 교실, 로봇 설계 캠프, 게임 설계 강좌, 관념화 탈피하기, 주말 책 만들기 교실, 회고록 쓰기 수련회, 시와 시나리오 쓰기 워크숍, 모든 양식의 순수 예술 탈피하기 등 말이다.

단순히 말로만 하지 말고 정말 창작할 준비가 된 자세로 이러한 경험을 해보길 바란다. 좋은 워크숍은 당신이 최선을 다할 수 있도록 또 행동으로 배울 수 있도록 도와줄 것이다. 또한 대부분의 워크숍은 완성된 작업물을 집으로 가져갈 수 있게 해준다. 원하는 몰입형 경험을 찾을 수 없다면 직접 만들어볼 필요가 있다.

시작예술가적 파트너 관계가 필요하다

당신에게 어떤 아이디어가 있는데 당신에게 없는 특정 지식, 기술, 경험, 또는 접근 권한 등 여러 가지가 많이 필요한가? 이것이 당신의 시작에 방해가 된다면 시작예술가적 파트너 관계 stARTnership가 필요할 수 있겠다.

파트너 관계는 평생 지속될 수 있으며, 시작예술가적 파트너 관계는 시작 단계를 통과하기만 하면 형성된다. 다음과 같은 것이 가능하다.

✓ **전문가와 파트너 관계 맺기**
잘 모르는 새로운 분야에서 어떤 일을 시작하는데, 알려진 기술을 활용하면 이 일이 기술의 발전 속도를 높이고 모든 이를 안전하게 지켜줄 것이라고 가정해보자. 도움을 청할 고문이 없다면, 우리 모두를 위해 다음과 같이 꼭 해주길 바란다. 전문 지식과 요령을 갖춘 전문가와 협력하는 것이다. 당신이 "이렇게 해보죠!"라고 말하면, 저쪽에서 "여기 방법이 있습니다"라는 말이 나올 수 있게 해라.

✓ 신출내기와 파트너 관계 맺기

반대로, 너무 많은 것을 아는 게 방해가 될 수 있다. 연쇄 기업가들은 한두 가지 사업으로 큰 성공을 맛보고 난 뒤에 큰일을 시작하기가 더 어려워진다고 고백한다. 여기엔 두 가지 이유가 있다. 첫 번째 이유로, 예전만큼 배가 고프지 않기 때문이다. 두 번째 이유로, 이제 잃을 것이 더 많아졌기 때문이다. 돈, 명예, 관계, 자존심 등 그 모든 것 말이다.

〈샤크탱크〉의 투자자인 상어가 (또는 거물이) 아주 빨리 헤엄쳐오도록 하는 전략을 사용하자. 바로 신출내기와 파트너 관계를 맺는 것이다. 젊고 경험이 적은 파트너는 기술과 요령이 부족할 수 있지만, 이를 만회하듯 그들에게는 잃을 것이 없고 욕망과 헌신할 마음, 집중력이 충만하다. 따라서 이들과 함께하는 사업은 투자자들에게 열정이 넘치고 매력적으로 보일 것이다.

혼자서 모든 것을 다 할 수는 없는 노릇이라고 말하는 건 아니지만, 굳이 혼자 할 필요가 없다면 팀을 구성해보면 어떨까? 팀 구성은 비영리단체 조직, 건물 건축, 디지털 개발 작업을 하는 데 또는 그 밖에 뭐든지에 효과적이다.

✔ 다른 기술을 가지고 있는 사람과 파트너 관계 맺기

음악적 재능이 없는 사람이 곡을 쓰기도, 글쓰기 능력이 부족한 사람이 책을 쓰기도, 사업 경험이 없는 사람이 거대 기업을 만들기도 한다. 이런 일은 매일 일어난다. 그런 사람들은 협력자를 찾는다. 또한 어떤 일에 노력을 들이기 전에 구하고자 하는 임무와 기술에 대해 사전 조사를 하자.

시작예술가적 파트너 관계 형성하기

(시간이 좀 걸리겠지만 작업을 절반으로 줄여줄 수 있다.)

1. 혼자서는 힘들지만 그래도 하고 싶은 작은 일을 생각해보자
아무 생각이 안 떠오르는가? 그렇다면 다음 중 하나를 시도해보라.

- **요리법 개발하기**
  한 사람은 요리 기술을, 다른 사람은 신선한 아이디어와 부주방장의 에너지를 준비하자.

- **파티 열기**
  한 사람은 파티 주제와 분위기를 책임지고 다른 사람은 메뉴를 준비하며, 당신은 사람들을 파티에 데려오기 위해 협력해보자.

- **큰 예술 작품 만들기**
  예술을 꼭 혼자서만 해야 한다는 법은 없다. 협력해서 정원 조각상 조각, 거리 예술, 악단 활동을 해보자.

- **협동조합 시작하기**
  식품 협동조합은 재밌다. 그뿐만 아니라 예술 협동조합, 퇴비 협동조합, 건설 협동조합도 고려해보라. 일단 시작하면 운영관리팀을 만들어라.

- **공연 만들기**
  공연 출연자와 제작자를 만나자. 무대 위의 열정은 무대 뒤편에서의 에너지가 필요하며 공연보다 더 재미있는 것은 없다.

2. 잠재적인 창의력 파트너를 만나보자
그를 만나 아이디어에 관해 다음과 같이 이야기해보자. 프로젝트에 관해서 두 사람은 모두 무엇을 상상하고, 생각해보고, 결정하는가? 좋은 팀을 구성해야 하는 이유는 무엇인가?

3. 협업 조건을 정의하자

- 성공은 어떤 모습인가?
- 각자에게 성공은 어떤 의미인가?
- 각자는 무엇을 투자할 의향이 있는가?
- 어떻게, 언제, 왜 만날 것인지와 같은 기본 규칙과 역할을 설정하자.
- 아이디어가 실행되면 역할이 어떻게 변하는가?

4. 이제 모습을 드러내고 시작하자
흥분이 고조되어 있을 때 행동을 취하고 최고의 경기를 펼쳐라. 경험을 활용해 미래의 시작예술가적 파트너 관계의 가능성을 상상해보라.

작은 시작의 기술

이미 삶이 빡빡해서 한 가지 일을 더 추가하는 게 두려우면 아무리 좋은 아이디어일지라도 날려버리게 된다. 무언가 될 것 같은 감각은 제쳐두고 "아니야, 오늘은 아니야"라는 생각에 도달하게 된다.

이때 '작은 시작'의 기술로 눈을 돌려보자. 나는 이것을 경영 과정, 운동경기, 심리 치료 및 의학계에서 인기리에 사용되고 있으며, 개인적인 습관을 완전히 변화시키고자 할 때도 인기리에 쓰이는 "작은 단계" 또는 일본의 카이젠[2] 방식에서 파생시켜냈다.

여기에는 속임수가 있다. 웅장하고 폭발적이며 단호한 시작 과정으로 시작하는 대신 가능한 한 가장 작은 방식으로 시작하는 것이다. 아주 작고 작은 것, 미루기가 거의 불가능할 정도로 작은 행위부터 말이다. 그런 다음 작은 다음 단계를 활용해 매일 재시작하는 것이다. 한 입 크기 정도의 작은 일을 찾아 시작하는 게 기술이다. 한번 해보자.

- ✓ 글쓰기 프로젝트? 한 문장을 쓰자.
- ✓ 예술 프로젝트? 1분 동안 스케치를 하자.

---

2 개선(改善)이라는 한자의 일본식 표현. 기업 내에서 업무 관행과 업무 효율성 등을 부단히 개선해나가야 한다는 경영 개념이자 경영 철학이다. 또한 한 번 행해지고 끝나는 것이 아니라 계속해서 이어지는 지속성과 연속성을 중시한다. ―옮긴이

✓ 작곡? 3마디를 쓰자.

✓ 창업? 경쟁력 있는 제품 또는 서비스를 공급받고 핀터레스트 보드에 재빨리 올리자.

✓ 북클럽? 북클럽 회원이 될 만한 사람에게 문자를 보내 무엇에 관심이 있는지 알아내자.

아직 프로젝트를 구체화할 방법이 생각나지 않는다면, 스트레스를 받지 말고 창작 활동을 할 수 있도록 짬을 낼 수 있는 시간대와 장소를 나열하는 것으로 시작해보자. 아침에 침대에서 5분, 회의가 시작되기를 기다리며 3분, 저녁 식사 후 설거지가 하기 싫어 화장실에 몰래 숨어 들어갈 때 15분 말이다.

이러한 순간을 활용해 작은 행동을 취해보자. 아이디어 서술서를 몇 문장 작성해보거나, 특정 작업 사항들을 규정해보거나, 아이디어에 관한 아주 짧은 소개서를 작성해보자.

전체적인 창작 과정이 모두 이런 식으로 이루어지지는 않을 것이다. 그러나 작은 시작은 천천히 우리 안의 무언가를 변화시킨다. 프로젝트가 실행 가능하다면, 이렇게 함으로써 그 프로젝트는 기반을 구축해나가고 그 프로젝트가 우리 삶에 들어올 때 생기는 불안함을 줄일 수 있다. 우리는 아이디어와 아이디어에 영감이 되어준 것들과 항상 함께할 수 있을 것이다. 과감한 시작과 마찬가지로 첫 번째 단계는 우리에게 앞으로 나아갈 길을 보여줄 것이다.

습관 만들기

최상의 상태를 유지하는 사람들은 대개 그들이 어떻게 그 상태를 유지하는지 말해주는 습관이 있다. 대개는 그런 사람들이 스스로 의도적으로 만든 습관이다. 아마도 이것이 당신을 다음 창의적인 시작으로 이끌 것이다.

습관은 1) 계기, 2) 일과, 3) 보상으로 이뤄진 맞춤 제작품과 같다. 일부는 우리가 선택하기도 하지만 또 일부는 그렇지 않다. 우리는 대부분 분명히 나쁜 습관을 지니고 있다. 시작예술가들과의 대화에 따르면 창의적으로 주도하는 습관은 다음과 같은 방식으로 만들어진다고 한다.

1. 많은 것을 시작함으로써
2. 많은 것을 마무리함으로써
3. 시작과 재시작에 대한 보상을 구축함으로써

필요에 따라 창작하는 법, 시작하고 재시작하는 법을 알았으므로 이제 당신은 시작예술가적 습관을 구축할 수 있는 재료를 가지고 있다. 자신만의 의식 절차를 가지고 다음 단계를 따르도록 해라.

1. 많은 것을 시작해라

작은 일들을 시작해라. 큰일들을 시작해라. 중요한 일들과 사소한 일들을 시작해라. 가장 바람직한 창의적인 충동에 따라 행동할 수 있도록 마음을 훈련해라. 마음이 '오늘 하루를 행복하게 만들어준 그 바리스타에게 감사 쪽지를 써야지' 하고 말한다면 정말로 쪽지를 써라. 그리고 쪽지를 쓰면서 그것을 쓰는 법을 가르쳐준 엄마에게도 감사 쪽지를 써라. 엄마는 좋아하실 것이다. 아이디어를 갖는 것과 아이디어를 시작하는 것을 마음이 똑같이 여기도록 해라.

2. 많은 것을 마무리해라

내가 이 책의 제목을 잊은 건 아니다. 우리는 지금 생각하지 않고 하는 일인 습관에 관해 이야기하고 있다. 창조와 완성을 시작과 연관시켜 생각하기 위해서 뇌는 일이 마무리되어야 한다는 것을 알 필요가 있다. 그렇게 되면 이것은 완벽한 생체 피드백이 된다. 앉은자리에서 출발선을 떠나 결승선을 통과하는 훈련을 해라. 빨리 마무리할 수 있는 작은 일들을 찾아보라. 시, 5행으로 이루어진 희화시 리머릭, 일본식 단시 하이쿠를 써라. 예술가여, 미니 스케치를 하고 작은 추상화를 그려라. 요리사여, 소스 요리법을 개발해라. 뜨개질을 사랑하는 자여, 그 누가 컵 보온 덮개를 싫어하겠는가?

3. 기대 속에서 습관을 만들어라

시작을 디저트라고 생각해라. 기대되는 경험을 만들어라. 그리고 음미해라. 사교 활동 또는 고독한 묵상 기간을 일정에 넣는 것처럼 시작도 일정에 넣어라. 휴가 동안에 여러 가지를 시작해라. 활기찬 사람들과 시작 과정을 개최해라. 자신이 하고픈 대로 해라.

지금 당장 시작하는 기술

우리가 좋은 습관과 시작하는 능력을 기를 때 놀라운 일이 일어난다. 해야 할 일이 너무 많거나 일들을 미완성인 채로 남겨둬서 얻곤 했던 불안감을 없앨 수 있다. 우리는 더 많은 것을 시작하고 자기 자신을 믿게 되어 창작이 요구하는 것에 따라 다시 시작하고 멈출 줄 알게 된다. 우리가 깨닫기도 전에 분명한 말들이 우주를 떠돌고 있고 아이스크림 트럭을 쫓는 5살짜리 아이처럼 아이디어가 우리에게 다가온다. 좋은 아이디어가 밀려와서 어떤 걸 골라야 하나 행복한 고민을 할 때 나는 당신이 준비되어 있었으면 한다.

다음은 더 많이 시작하고, 더 잘 시작하고, 더 잘 마무리하기 위한 몇 가지 요령, 과정, 철학이다. 당신이 여기에 관심이 많다면 잘 들여다보길 바란다.

슬로모션 멀티태스킹

물론 운전 중에 매니큐어를 바르는 것은 위험한 일이지만, 많은 경우 멀티태스킹이 가지고 있는 단점은 상황에 따라 장점으로 달라질 수 있다.

많은 시작예술가는 몇 년이 걸리는 프로젝트를 포함해 몇 개 또는 수십 개의 프로젝트를 동시에 진행 중이다. 작가들은 정규직 마케팅 작가로 일하면서 자신의 책과 기사 작업을 한디. 직곡가들은 몇 달 또는 몇 년이 걸려 여러 작업을 준비한다. 내가 이 책을 위한 선 그림 그리기[3]를 마무리하고 있는 동안 내 아트 스튜디오에서는 20개의 캔버스가 작업 중에 있었다.

경제학자이자 시작예술가인 팀 하포드[4]는 오랜 기간에 걸쳐, 심지어는 평생에 걸쳐 동시에 여러 프로젝트를 작업하는 '슬로모션 멀티태스킹'을 활용해 시작예술가들이 창의력을 높일 수 있을 거라고 확신한다.

트와일라 타프,[5] 마이클 크라이튼,[6] 또는 과학자인 찰스 다윈, 알버트 아인슈타인과 같은 창의력이 뛰어난 사람들의 삶을 연구하면서 하포드는 이러한 시작예술가들이 많은 프로젝트를 끊임없이 해내는데, 종종 중요한 프로젝트를 잠시 멈추고 휴식을 취하거나 관련 없는 다른 작업을 하면서 집중력을 높인다는 사실을 발견했다. 하포드는 말한다. "상자 밖에서 생각하기[7]가 더 쉬워질 때는 한 상자에서 다른 상자로 소리칠 때다."

곡예라도 하듯 큰일들을 동시에 하느라 긴장하고 있는 시작예술가들에게 이는 격려가 된다. 예를 들어 책을 쓰고 끝내주는 붉은색 소스를 개발하면서 사회운동을 시작하는 시작예술가 또는 혁신

---

3 저자는 원서의 본문 디자인 작업에 동참했다. −편집자
4 Tim Harford. 세계적인 경제 일간지 〈파이낸셜 타임스〉의 시니어 칼럼니스트로 경제학 칼럼을 쓴다. −옮긴이
5 Twyla Tharp. 미국의 세계적인 현대무용가이자 안무가. −옮긴이
6 Michael Crichton. 미국의 세계적인 베스트셀러 소설가이자 영화제작자, 영화감독. −옮긴이
7 Think outside of the box. 틀을 깨고, 고정관념을 깨고 새로운 사고를 한다는 영어 표현. −옮긴이

적인 소규모 양조장을 만들며 회사를 운영하고 아이들을 위해 나무 꼭대기에 완벽한 아지트를 지어주는 시작예술가들에게 말이다.

삶은 그렇게 계속될 수 있다. 아이디어에만 온전히, 전적으로 집중하지 않고도 아이디어를 발전시킬 수 있다. 실험하고, 탐구하고, 샘플을 만들고, 새로운 버전을 만들고, 이것저것을 하면서 말이다. 프로젝트에 대한 흥미를 유지하고 호기심 가득한 삶을 살면 가능하다.

멀티태스킹의 장점은 작게는 우리에게 절실히 필요한 휴식을 준다. 어떤 일에 막혔을 때 우리 뇌에 휴식 시간을 주고는 문제를 해결할 기회를 제공한다. 크게는 각 프로젝트의 위험성을 낮춘다. 예를 들어 5년 동안 한 가지 아이디어만 가지고 작업을 했는데 그 아이디어가 빠른 성공을 거두지 못한다면, 이는 실패로 느껴질 수밖에 없다. 하지만 여러 가지 일에 손을 대고 있으면 희망을 잃지 않고 기세를 이어갈 수 있다. 우리가 들이는 노력에 대한 감정적 이익과 손해를 줄여준다.

연작으로 시작하기

이런 방식으로 시작하면 시작이 다 똑같이 보일 수도 있겠으나 그렇게 해도 된다.

나는 1,200점의 독창적인 예술품 제작을 시작했다. 그리고 완성했다. 그 작품들은 갤러리와 온라인에서 팔거나 선물로 줬다. 누군가 그 많은 독특한 작품을 만들 수 있도록 당첨된 복권을 준다고 하면 나는 이렇게 말할 것이다. "저는 그렇게 열심히 일하거나 오래 살고 싶지 않아요."

하지만 그 일은 어렵지 않았으며 그 이유는 다음과 같다. 대부분의 예술 작품이 연작이나 컬렉션에 속했기 때문이다. **연작 작품을 만들 때 각 작품은 새로운 창작물이지만 시작하는 데 필요한 결정은 최소한으로 든다.** 예를 들어 나는 엉뚱한 집 연작을 만들었는데, 그중 연이어 30점 정도는 물감, 버려진 오래된 물건들, 종잇조각, 레이스로 이뤄진 밝은 색조의 혼합매체 작품들이었다. 각각은 독특하고 다른 이야기를 말했지만 같은 크기의 캔버스와 같은 수평선으로, 내 스튜디오의 같은 장소에서 가져온 재료들로 만들어졌다.

나는 각 작품을 비슷한 이미지로 시작했다. 수평선에 놓인 큰 집으로 말이다. 이렇게 하면 시간과 우유부단함이 줄어들고 비슷한 모습과 주제로 작품이 고정된다. 토대가 빠르게 구축되면서 나는 각 작품의 고유한 이야기 속으로 뛰어들 수 있었다. 연작 작업은 보다 심도 있는 창의적인 경험을 가능하게 한다.

자신의 작품을 판매하는 예술가에게 연작은 통일성 있고 단결된 작품을 만들어주며 팬을 끌어들이고 작품을 잘 보여준다. **연작은 전문적이고 권위 있어 보이며 예술가가 자신의 브랜드를 구축하는 데 도움을 준다.**

연작 아이디어는 예술 그 이상의 것에도 효과가 있다. 소셜미디

지금 당장 시작하는 기술

어 콘텐츠, 제품 디자인, 단편소설 및 모든 종류의 순수예술에서 활용될 수 있다. 2학년 수업 계획 세우기나 임원 연설문 작성에도 활용할 수 있다. 또한 비즈니스, 학계와 조직 내의 새로운 부지 발표회, 시스템 업그레이드, 심지어는 정책 수립에서도 활용될 수 있다.

여러 가지를 시작하기

동시에 3개를 시작할 수 있는데도 왜 하나의 걸작을 시작하려 하는가? 이를 연작으로 할 수도 있지만 반드시 연작일 필요는 없다. 전혀 어울리지 않는 완전히 다른 작품일 수도 있다.

내가 혼합매체 예술 작품을 작업할 때 특히 그것이 의뢰 작품, 즉 한 고객이 특별히 주문한 것일 때 나는 으레 동시에 두 번째 작품을 시작한다. 나는 두 번째 작품을 의뢰 작품과 조금 떨어진 그 근처에, 하지만 방해가 되지 않을 정도로 너무 가깝지 않은 곳에 설치해둔다. 그런 다음 시도해보고 싶은 아이디어나 색이 있거나, 떠오른 아이디어가 주문을 의뢰한 고객의 그림에 쓰기에는 너무 전위적일 때, 이는 별도의 캔버스 위로 들어간다.

두 작품 모두 내가 하고자 하는 전체적인 구성을 담고 있기에 두 번째 캔버스라고 해서 결코 허접한 마구잡이가 아니다. 그러나 확실히 첫 번째 작품만큼의 주목을 받지는 못하고 있다. 두 번째 캔버스를 완성하고 보니 마치 소금에 절인 쇠고기 요리인 콘비프 같아 보인다면 그런대로 괜찮다. 어디까지나 보너스 그림이니까 말이다.

이 작은 조언이 시작 습관을 가꾸는 시작예술가들을 위한 것인 이유가 바로 이거다. 집중력을 분산하고 작업의 일부를 창의력의 연옥[8]으로 밀어넣을 수 있을 때까지는 불안할 수 있다. 그러나 일단 시작해서 흐름을 타기 시작하면 집중력이 높아지고 주요 프로젝트에 대한 스트레스를 덜게 된다.

여러 가지 일을 하는 것은 더 많은 일이 시작되도록 하고, 그 기세를 강하게 유지함으로써 주요 프로젝트를 마무리하는 데 도움이 된다. 여러 가지 일을 시작하는 기술을 습득하고 나면, 세 번째 캔버스를 늘리는 일은 큰 도약이 아니다. 네 번째, 다섯 번째 캔버스 … 그렇게 계속된다!

예술 외 분야에서도 여러 가지 일을 동시에 시작할 수 있다. 목공예가라면 여러 개의 작은 프로젝트로 자선단체에 작품을 기부할 수 있다. 재봉사라면 치마 2개를 잘라내고 재봉틀에 실이 남아 있다면 여분의 천으로 가방이나 작은 주머니를 만들 수 있다. 작가라면 책 집필과 같은 큰 프로젝트를 작업할 때 기사, 블로그 게시물, 책 홍보 자료, 소셜미디어 게시글 등 두세 번째 캔버스가 될 다른 형식의 글을 쓰도록 해라. 책에 넣지 못하는 산문이나 아이디어가 떠오르면 다른 곳에 적어두고 집중력이 유지될 때 활용해라. 다시 돌아올 수

---

8 가톨릭 용어로 죽은 사람이 천국으로 들어가기 전에 죄를 정화하기 위해 불로써 단련받는 곳을 의미한다. ―옮긴이

지금 당장 시작하는 기술

있을 만큼 아이디어가 충분히 구체화되기까지 일단 거기에 둬라. 아마 당분간은 책 작업을 할 기분이 아닐 것이며 그러려면 정말이지 영겁의 시간이 걸릴 것 같지만, 영감이 깃든 짧은 글을 트위터에 올리고 나면 그날 창의적인 승리를 거둘 수 있을 것이다.

중간에서 시작하기

첫 단계를 내딛기 두려워 얼어붙거나 자료나 정보를 기다리다 일이 지체된 경우 대안을 사용하자. 바로 중간에서 시작하는 것이다. 중간에서 시작하는 방법은 더 쉽고 더 매력적이거나 더 수월할 수 있다. 이게 바로 우리에게 필요한 것, 행동을 시작하는 데 필요한 모든 것이다. 첫걸음을 내딛도록 우리를 도와주는 아주 좋은 방법이다.

작곡? 브리지부터 시작하자. 그림 그리기? 가장자리부터 안쪽으로 그리기 시작하자. 연설문 초안 작성? 마지막 줄 작성부터 시작하자. 단편소설 쓰기? 중점이 되는 대화부터 시작해나가자. 사업계획? 100번째 고객에게 감사편지를 쓰는 것부터 시작하자. 책 집필? 감사의 말 또는 중간 챕터부터 또는 여주인공이 목숨을 걸고 달리며 수동 변속기어 조작을 5분 만에 배우는 아무 장면부터 쓰기 시작해라. 이런 방법은 어떤 분야든 통한다.

시작이란 스포츠를 위한 시작

운동을 잘하기 위해 우리는 특정 기술, 즉 일반적으로 점수를 얻는 재미가 있는 기술을 연습한다. 농구를 잘하고자 슛 연습을 한다. 또한 야구 배팅 연습장에, 골프 연습장에 간다. 차례로 열심히 공을 친다. 실력이 느는 건 재밌는 일이다.

창의력 훈련도 같은 방식으로 작용한다. 연구에 따르면 창의적인 사고는 경험과 연습, 실행으로 향상된다고 한다.

내 남편 캐리는 대학 시절 컨트리음악을 작곡했다. 캐리가 작곡에 가장 몰두하고 있던 때 연습도 많이 했다. 그는 기타를 거의 손에서 놓지 않고 퉁기며 코드를 연주했다. 가끔 그는 자신이 좋아하는 코드 진행과 웃기고 촌스러운 컨트리 선율을 엮어 부르기 쉬운 곡을 만들고 〈I Can't Leave Her Behind Alone〉[9] 또는 〈I'm Under Him Gettin' Over You〉[10]와 같은 제목을 붙였다. 파티에서 이 곡들을 메들리로 부르는 것은 모두가 좋아하는 놀이가 되었다.

짧고 빠른 곡을 구성하면서 그는 배운 게 있다. 때론 말이 먼저

9　이 제목은 성적이고 장난스러운 말장난으로 두 가지 의미가 있다. 그녀를 떠날 수 없고 혼자 둘 수 없다는 뜻과 behind라는 단어가 성적인 의미로 쓰일 수도 있어 그녀의 성적 매력에서 벗어날 수 없다는 의미가 되기도 한다. —옮긴이

10　이 또한 성적이고 장난스러운 말장난이다. 먼저 gettin' over은 어떤 이를 잊는다는 것을 의미한다. 앞의 under him은 그 남자에게 휘둘린다는 뜻도 있지만 잠자리를 가진다는 의미도 있다. 다른 남자에게 휘둘리면서 잠자리를 가지며 너를 잊어간다는 뜻이 된다. —옮긴이

또 때론 음악이 먼저 앞장서기도 한다는 것이었다. 그는 1곡 내에서 브리지나 코러스와 같이 어떻게 여러 작곡을 시작할 수 있는지 배우게 되었다. 말 한마디로도 어떤 일을 시작하기에 충분하며, 너무 많은 아이디어를 가지고 앉아 있는 것도 진도를 못 나가게 한다는 것을 배웠다. 또한 어떤 아이디어에 시간이 너무 오래 걸리면 다른 아이디어로 방향을 틀 수 있다는 것을 배웠다. 그 누구도 점수를 기록하거나 평가하지 않기 때문이다.

곡을 만들고 제목을 붙이는 것은 캐리에게 야구 배팅 연습장에 가는 것과 같은 일이 되었다. 그는 시작에 불과할 줄 알았던 곡들을 시작했다. 계속해서 그는 재미를 느끼고자, 연습을 하고자, 또 실력이 느는 기분을 느끼고자 연주했다.

영화제작자들에게 틱톡은 재밌는 연습이 될 수 있다. 비즈니스 혁신가라면 엉뚱한 파생 상품을 만들어보는 것이 재밌는 일이 될 수 있다. 정말 놀라운 일은 가끔 이런 연습 안타가 공원 밖으로 저 멀리 날아가게 된다는 것이다.

득점을 내기 위한 시작점

5~20분

1. 시작예술가를 위한 타격 연습용 투구기에 공을 채우자

계속해서 시작할 수 있는 일과 자주 시작하기 좋아하는 일을 나열해라. 스케치나 그림, 대사, 상품 아이디어, 수프 요리법, 농담, 책, 기사 제목, 작은 추상화 같은 것이 있겠다.

2. 준비물을 준비하자

그래야 즉각적으로 연습에 임할 수 있다.

3. 연습 시간이나 시작 횟수를 기록하자

이런 것들을 집계해보는 일이 재밌다면 말이다. 결국 이것은 게임이다.

4. 첫 번째 연습 과정 일정을 잡거나 지금 바로 스윙을 시작하자

창의력은 놀이, 연습, 경험으로 자라게 된다.

지금 당장 시작하는 기술

당신은 준비되었다

　　당신은 이미 시작 근육을 가지고 있다. 그러니 훈련에 관한 이 모든 이야기를 보고 당신에게 시작 근육이 준비되지 않았다고 생각하지 말아라. 당신에게 아이디어가 있다면, 당신이 그 아이디어의 역량을 시험해본다면, 그 아이디어가 당신에게 와서 당신을 떠나지 않는다면, 당신은 시작하는 데 필요한 모든 것을 갖추고 있을 가능성이 충분히 있다.

　　상상력은 우리가 가진 능력을 우리보다 더 잘 안다. 당신이 조금이라도 아이디어를 실현할 수 없을 거라고 생각한다면 당신은 아이디어를 떠올릴 수 없다.

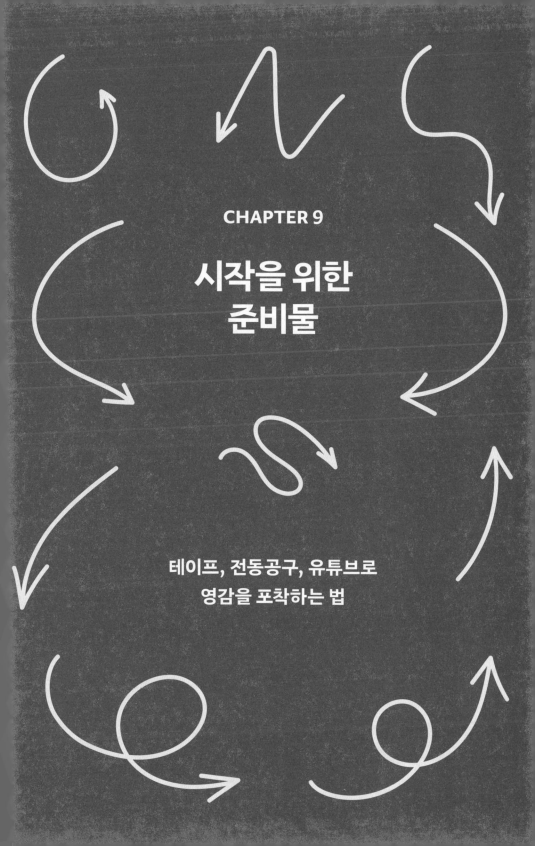

CHAPTER 9

시작을 위한
준비물

테이프, 전동공구, 유튜브로
영감을 포착하는 법

- ☑ 창의적인 수집 _____
- ☑ 보물 정리하기 _____
- ☑ 준비물과 도구, 뮤즈, 멘토 _____
- ☑ 사람, 장소, 응원단 _____

4살이었던 딸 테스가 잠자리에 들 시간이었던 어느 날 밤, 나는 딸 옆에 누워 왜 그렇게 손톱을 세심히도 살피냐고 물었다.

"손톱을 물어뜯을 준비가 되었는지 보고 있었어요." 테스가 말했다.

"오."

"손톱은 좋은 거예요. 알잖아요." 테스가 사실을 말하듯 무미건조하게 말했다.

"오, 그러니?"

"네, 손톱으로 뭔가를 만들 수 있어요." 딸이 말했다.

"예를 들면 뭐를?" 내가 물었다.

"잘 모르겠어요. 하지만 뭘 만들지 생각날 때를 대비해 가방에 손톱들을 모아놓고 있어요."

나는 즉시 침대에서 뛰어나가 그 가방을 벽난로로 집어던지지 않았음에 훌륭한 어머니상을 받고 싶다.

테스는 자신의 손톱으로 무엇을 만들지 전혀 생각해내지 못했지만, 그 주에 내 지저분한 스튜디오에 찾아와 내가 잡동사니를 담아두는 상자 안의 물건들로 만든 멋진 천 1벌과 길게 늘어지는 끈 귀걸이를 가지고 나타났다. 테스는 내가 좋은 물건들을 보관해둔다는 것을 알았으며 그것을 어디서 찾을 수 있는지도 알고 있었다.

내가 부모로서 한 일 중 가장 자랑스러운 일은 모든 방마다 가위를 뒀고 아이들의 손이 닿는 곳에 미술용품을 뒀다는 것이다. 그리고 이제 다 큰 내 아이들이 최고의 미술용품은 미술용품점에 있는 셀로판이 아니라는 점을 이해하고 있다는 게 자랑스럽다. 우리 집에서 미술용품은 부서진 장신구, 헌 옷 자투리, 헌 포장지, 바비인형 다리였다. 그리고 손톱도 그런 것 같다.

세상은 창의적인 놀이터다. 준비물과 뮤즈는 모두 우리 주위에 있다.

창의적인 수집

우리 눈길을 사로잡고 상상력을 자극하는 것을 발견하고 보관하는 것. 이것은 우리가 간절한 열망으로 세상을 바라보게 하

지금 당장 시작하는 기술

며, 지나치지 않고 무언가를 발견했을 때 느낄 수 있는 환희를 느끼게 해준다. 이러한 수집가의 충동 덕분에 아름다움의 파편들과 우리 자신에게만 펼쳐지는 특별한 순간들을 보관할 수 있다.

바로 이것이 매우 창의적인 사람이 무엇을 만들 재료를 어디서 구할지 걱정하는 걸 거의 본 적 없는 이유다. 많은 경우 그들은 정반대의 문제를 안고 있다. 호기심이 넘쳐나는 사람들은 물건을 수집하고 비축하고 집으로 가져오는 데 어려움을 겪기도 한다.

어느 날 밤늦게 집으로 차를 몰고 가던 예술가 리사 랄라는 분주한 고속도로의 갓길에서 흐릿하게 반짝이는 무언가를 발견했다. 그녀는 그게 무엇인지 너무 궁금해져서 2개의 고속도로 출구를 지나쳐 길을 돌아 그것을 주우러 갔다. 1m가 조금 안 되는 길이의 반짝이는 금속끈 조각이었다. "언젠가 영감이 떠오를 때까지 몇 달 동안 그걸 스튜디오 바닥에 뒀어요. 벽에 걸어두고 작업을 시작했죠." 리사는 그것에 '엉킴'이라고 제목을 붙이고 몇 달에 걸쳐 아이디어를 비롯해 성공적인 조각과 그림 연작을 탄생시켰다.

나는 작은 쓰레기를 집으로 가져간다. 오래된 문서, 천, 기계 부품, 낡은 인형 부속품과 같은 버려진 별난 물건들이다. 이러한 자그마한 물건들은 몇 년 후에 탄생하는 예술 작품에 나타난다. 벼룩시장에서 구한 전쟁 때 쓰인 연애편지는 혼합매체 연작에 영감이 되었고, 날개 모양의 작은 목공예 조각품은 정원용 모빌에 영감이 되었으며, 어린 시절 갖고 놀던 종이 인형은 그림 연작에 영감이 되었다. 별난 물건들이 자신의 임무를 기다리고 있는 동안 내 수집품들은 빨래집게로 매달려 있거나 책꽂이에 쌓여 나를 즐겁게 했다.

이것이 내 창의적인 수집의 비결이다. **어떤 물건이 어딘가에 매달려 있거나 앉아서 당신에게 다가오고 있다면, 그것이 당신 안의 무언가를 움직이고 있는 것이다. 결국 그것은 당신을 움직이게 할 것이다.**

시각예술가만이 창의적인 수집가는 아니다. 작가, 연사나 코미디언은 스토리텔링의 조각들을 저장한다. 그들은 아이디어나 짧은 대화를 모아둔다. 내가 테스와 한 손톱에 관한 대화를 모아두는 것처럼 말이다. 나는 테스가 그날 밤 잠이 들자마자 그 대화를 내 일기장에 적었다.

나는 여행별 또는 연도별로 정리된 내 일기장에 주로 아이디어를 적어두는데 이것이 꽤나 자랑스럽다. 하지만 나는 데이비드 세다리스[1]의 저서 『점유이탈물횡령죄: 일기(1977-2002)$^{Theft\ by\ Finding:}$ $_{Diaries(1977-2002)}$』와 『과자점의 축제(2003-2020)$^{A\ Carnival\ of\ Snackery(2003-2020)}$』를 읽고 겸손해졌다. 일기 쓰기가 주는 수확에 관한 명작들이다.

세다리스는 20살에 오리건주에서 히치하이킹을 하던 시절부터 뉴욕, 런던, 파리에 살던 몇 년의 세월을 적어둔 일기를 샅샅이 조사해 박장대소할 정도로 웃기고 통렬한 회고록을 써냈다. 수십 년에 걸친 기록 중에서 세다리스는 말도 안 되는 이야기라는 실타래를 발

---

1 David Sedaris. 미국의 유머 작가로, 솔직하고 유쾌한 글로 많은 사랑을 받는다.

지금 당장 시작하는 기술

견하고 엄선해 이야기를 짜냈다. 식당에서 우연히 들었던 재밌는 대화의 조각들, 쓰레기를 수집하며 걸었던 산책길에서의 관찰, '아도니스 라빈스키' 또는 '비퍼스'와 같이 전화번호부에서 무작위로 발견한 이름 목록 등이다. 그는 전화번호부의 이름까지도 저장해뒀다!

그렇다. 세다리스는 많은 이가 선망하는 작가이자 이야기꾼이지만, 그가 이렇게도 매력적인 회고록을 쓸 수 있었던 것은 수집 덕분이었다. 평생에 걸쳐 그는 그 보물들을 관찰하고 기록했으며 집으로 가져왔다.

그의 글을 보면, 세다리스가 현실 속의 익살스러운 순간들을 포착하기 위해 필사적으로 어떤 일이 일어난 순간들을 기록하는 모습이 눈에 그려진다. "오늘 스케이트보드를 들고 있는 팔이 하나밖에 없는 난쟁이를 봤다. 술을 안 마신 지 90일이 됐다." 또한 그가 자신의 사적인 순간들에 대한 설명을 시간순으로 기록하는 모습도 눈에 그려진다. 그가 자신의 파트너인 휴를 처음 만났을 때를 보면 그렇다. "나는 그가 나를 미워한다고 말하게 했는데, 그건 보통 정반대를 의미한다. 내가 그를 보려고 돌아섰을 때 그도 역시 돌아선 것을 봤다. 로맨틱했다."

이러한 에세이 모음집을 읽은 후, 나는 새로운 일기 쓰기를 시작해 세다리스처럼 내 하루하루의 별난 순간을 사진으로 찍어 남기고, 지극히 평범한 순간들을 재밌는 순간들로 기록해서 채우기로 결심했다. 슬프게도 일기장은 거의 백지로 남아 있긴 한데, 아이다호주의 화물자동차 휴게소에서 두 쪽을 채웠다. 나중에 알게 된 바로는 내 하루하루는 그다지 흥미롭지 않으며, 나는 세다리스처럼 재밌지도 않았다. 나는 내 일기장 모음집에서 베스트셀러를 건져낼 수 없게 되었다. 그렇다 할지라도 싸구려 벼룩시장 쓰레기통에서 버려진 아기 인형의 몸통 일부분을 찾아라. 우리 모두는 수집 초능력을 가지고 있다.

자기 자신을 시작예술가라고 선언하는 것은 자신이 수집품을 찾아 헤매는 수집가라고 선언하는 것과 같다.

우리는 우리에게 영감을 주는 것들을 노리기 위해 덫을 설치하는 법을 배운다. 우리는 어떤 용품을 어떻게 사용할지 생각해보기도 전에 구매한다. 우리는 벽을 장식하고, 게시판을 채우고, 전자기기에 알림을 잔뜩 설정한다. 그 알림은 우리가 만들고 싶어 하는 것을 왜 좋아하는지 그 이유를 일깨워준다.

어떤 이들은 수집품과 아이디어를 분류해두는 방법을 배우기도 하므로 시작하거나 다시 시작하고 싶을 때 수집품과 아이디어를 다시 잘 찾아낼 수 있다. 또한 우리는 추려내고 엄선하는 법을 배운다. 모으고, 분류하고, 창작하고, 버리는 과정에서 기쁨을 얻는 법을 배운다.

우리의 창작물을 위한 재료에 접근하는 방법을 배우면서 필요하다면 항상 더 많은 재료가 있을 거라고 믿게 된다. 영감과 미술용품은 손톱과 같다. 잠시 기다리면 더 자라날 것이다.

보물 정리하기

개인적인 영감을 수집해놓는 것이야말로 시작예술가들이 가장 소중하게 간직하는 준비물이다. 스크린숏, 직물 견본, 사진에 포착된 길거리에 나란히 놓인 자갈 같은 것 말이다. 우리는 우리를 흥분시키는 것을 수확해 나중에 그 힘을 활용한다.

비결은 '나중에 찾기' 부분에 있다. 체계를 구성하는 것은 힘든 작업일 수 있다. 창의적인 의식 절차와 아주 비슷한 일이다. 또한 어떤 면에 있어 이는 구성이라기보다는 저장에 가깝다. 어떤 것이 되었든 시작예술가는 자신에게 맞는 방식으로 일하면 된다.

- ✓ 책 디자이너 벤 덴저는 자신의 웹사이트에 매일 자신이 듣거나 읽은 인용문과 함께 그날 찍은 사진과 스크린숏을 합성한 이미지를 게시한다.
- ✓ 요리사이자 발명가, 예술가, 기업가인 로라 라이벤은 요리법, 예술, 의류 디자인 등 자신이 발전하려는 유형의 창의력에 기반한 아이디어를 보관해둔다. 그녀는 디지털 파일에 사진과 텍스트를 수집하고, 그것들이 실제 프로젝트로 진행될 때 그 항목들을 작은 종이 일기장으로 옮긴다.
- ✓ 조각가 톰 코빈은 예술 작품과 패션 잡지에서 이미지를 가져와 벽에 스케치와 메모로 고정해두고 디자인과 제품 아이디어로 메모장을 채운다.
- ✓ 영화제작자 지지 해리스는 기술, 음악, 색상, 자신을 웃게 만드는 것들을 포착하고자 자신에게 영감을 가져다주는 재생목록을 유튜브에 가지고 있다.

영감을 포착하기

30분~1년

1. 자신이 영감을 얻는 방법을 적어보자
시각적 영감 또는 음악적 영감? 촉감적 영감? 어떤 영감을 어떻게 얻는가? 인용문, 대화, 산문과 같은 다른 사람의 말이 당신 안의 무언가를 움직이게 하는가? 여행이나 단체 경험으로 영감을 얻는가? 소설보다 회고록과 개인 프로필이 더 매력적으로 느껴지는가? 과학책이나 역사책을 읽는 게 아이디어에 불을 지펴주는가?

2. 영감을 수집하기 시작하자
가장 단순한 방법으로 영감을 수집하면서 마음에 드는 정리법을 세워라. 큰 아코디언 모양의 파일을 사용하길 추천하며 적절하다고 생각하는 색인을 활용해라. 또는 상자도 좋다.

3. 쉬운 일을 하고 패턴을 찾아보자
저녁에 핀터레스트를 보는 것을 좋아하는가? 어떤 특정 예술가나 블로거가 당신이 좋아하는 것들을 게시하는가? 이미지를 디지털로 저장하는 게 좋은가 아니면 종이 위에 저장하는 게 좋은가?

4. 자신의 작업 스타일과 관심사에 맞는 정리 도구와 방법을 조사해보자
온라인에서 소프트웨어 도구, 리뷰, 소셜미디어 속의 사람들을 찾기 위해 온라인에 접속해라. 인터넷 탐험만으로도 영감을 얻을 수 있다.

5. 조사를 기반으로 정리법을 결정하자
모아온 것들을 새로운 정리법으로 옮겨 6개월간 사용해봐라. 맘에 들지 않거나 사용하지 않게 된다면 아코디언 파일이나 상자로 다시 돌아가라. 때로는 그게 필요한 전부다.

지금 당장 시작하는 기술

이 연습은 수년이 걸리는 과정의 첫 단계일 수 있다. 자유롭게 즐겨라! 그리고 그냥 유지해라.

준비물과 도구, 뮤즈, 멘토

'창의적인 충동'을 기다리는 것을 좋다고 생각하진 않지만, 만약 그렇게 하겠다면 마치 세상의 종말을 대비하는 것처럼 창의적인 충동에 대비해야 한다고 말하고 싶다.

- ✓ 무엇이 필요한지 알아두라.
- ✓ 그것을 어떻게 얻고, 활용할지 알아두라.
- ✓ 가능하다면 모든 것을 손 닿는 곳에 가까이 보관해라.

내 이론은 다음과 같다. 바쁜 삶 속에서 우리는 모두 주의력결핍증을 겪는 7살짜리 아이가 되기도 한다. (이런 농담을 할 수 있는 이유는 내가 7살 때 주의력결핍을 겪었기 때문이다.) 어떤 아이디어와 함께 잠에서 깼는데 침대 옆 바구니에 크레용이 있다면, 아버지가 아침 식사를 마치기도 전에 아버지 얼굴 앞에 그림을 들이밀 것이다. 그런데 크레용이 복도 벽장 안에 있는 잠가둔 상자에 있다면, 복도 벽장으로 가다가 어제 벗어놓은 청바지에 걸려 넘어지고, 바지 주머니에 있던 사탕 포장지를 발견하게 되고, 다음 주가 핼러윈임을 깨닫게 되고 … 크레용은 더 이상 우리의 목적지가 아니게 된다.

빠르고, 쉽게, 자주 시작할 수 있도록 물건들을 준비해둬라. 시작을 일으키는 물건들로 선반을 가득 채워라. 당신의 창작 활동이 보통 손으로 무언가를 만드는 것과는 관련이 없더라도 몇 가지 기본

지금 당장 시작하는 기술

적인 것들은 항상 비축해둬라.

모든 인간은 평생 모든 방에 미술용품을 두고 살아야 한다는 생각이 들었다. 적어도 무언가를 적을 필기구나 종이, 무언가를 자를 수 있는 것 또는 무언가를 붙일 수 있는 테이프나 풀이 필요하다. 그렇게 하면 아이디어가 떠오를 때 상점에 가지 않고 바로 실행에 옮길 수 있다. 곧바로 생생한 아이디어를 실행할 수 있다.

뜨개질하는 사람을 위한 털실, 목공인을 위한 목재, 재봉사와 디자이너를 위한 직물, 요리사를 위한 향신료를 준비해둬라. 근처에 있는 실, 물감, 도구, 잉크, 종이, 안료, 합성섬유, 찰흙, 남은 흙, 손톱, 밧줄, 철사는 우리가 시작하거나 시작하지 않는 이유가 될 수 있다.

재료를 준비해두는 것만이 시작에 필요한 준비물을 비축해두는 가장 훌륭한 방법은 아니다. 창의적인 수집품과 마찬가지로 시작에 필요한 준비물은 뮤즈가 되기도 하고, 멘토가 되기도 한다. 선반 곁에 앉아 있기만 해도 준비물들이 우리를 초대하고 유혹한다. 우리가 준비물을 집어 들면 우리를 쿡쿡 찔러가며 가르친다. 우리에게 시작하는 방법을 보여준다.

도구도 마찬가지다. 어느 날 캠이 내게 메시지를 보냈다. "내 여자 친구에게 무슨 짓을 한 건가요? 그녀가 전동공구를 사러 나갔어요." 이런, 어섬의 여자 친구인 켈리는 가구 업사이클링이라는 창의적인 모험길에 올랐고, 나는 그녀에게 변속장치 양방향 드릴이 그녀의 세상을 뒤흔들 것이라고 넌지시 내비쳤을 뿐이었다. 정말 그랬다.

시작예술가에게 모든 도구는 전동공구다. 우리가 어떤 것을 만들어낼 수 있도록 도움을 주는 물건들은 만물의 에너지원과 연결된 것 같다. 그 물건들은 자신감, 영향력, 아이디어를 가져오고 속도를 높인다.

우리의 시작예술가적 운명은 우리가 만나게 되는 도구에 따라 달라질 수 있다. 아버지의 작업장이나 차고를 기웃거리며 자랐다면 그런 사람은 다른 이들은 결코 볼 수 없을 가능성의 문을 열 수 있다. 어린 나이에 재봉틀이나 주방용 칼을 다루는 법을 배웠다면 창의력을 발휘하는 데 더 유리하다. 이를 활용해라. (고등학교의 기술·가정 수업 시간을 애도하기 위해 잠시 묵념하자, 아휴.)

특정 도구에 강하게 끌린다면 어떤 이유가 있을 것이다. 어쩌면 우리 뇌세포 간 연결이 활발해지고 천부적인 소질이 깨어날지 모른다. (누군가 언젠가 여름에 나에게 공구를 줬고 나는 12시간 동안 지하실에서 나오지 않았다.) 새로운 도구가 어떤 일을 할 수 있는지 안전하게 알아볼 수 있는 방법을 찾아보자. 수업을 듣거나 사용 설명서를 살펴보자. 철물점, 미술용품점, 음반 가게에 있는 사람들과 이야기를 나눠도 좋다.

인터넷 공유기, 기타, 작은 베이킹용 양철판, 만년필, 글루건, 스테이플건, 밀대, 누르개, 목공 선반, 사진기, 팔레트나이프, 모종삽, 옛 타자기, 납땜용 인두, 베틀. 이것들은 시작예술가들에게 보는 것만으로도 무언가를 만들고 싶어지는 물건의 이름을 대보라고 했을 때 그들이 내게 준 답변이다.

부담스럽지 않다면 최대한 쉽게 접근하고 영감을 얻기 위해 도구를 눈길 닿는 곳에 둬라. 물론 스크루드라이버를 식사 공간과 미학적으로 잘 어우러질 수 있도록 두는 건 어려운 일이지만 가능했다. 공간이 넉넉하다면 방이나 차고를 자신만의 작업장 분위기로 바꿔보자. 도구와 재료들을 걸어두고 서랍장 대신 선반을 두면 필요한 모든 것을 눈앞에 두고 손을 뻗을 수 있다.

시작에 필요한 준비물을 집에 비축해두라고 제안할 때 다시 말하지만, 시각적인 도구만을 의미하는 게 아니다. 악기, 컴퓨터 기술, 현미경, 목공 도구 등 창작 활동을 하는 데 사용되는 모든 것을 의미한다.

직장도 마찬가지다. 내가 사업체를 운영한다면 회사에 아트 스튜디오를 두고, 휴게실에는 악기를 두며, 회사에 코미디 단막극 극단을 상주시켰을 것이다. 이에 동의한다면 회사 건의함에 글을 써서 넣어라. 그렇다고 너무 무리해서 밀어붙이진 마라. 죽기 살기로 밀고 나갈 안건은 아닐 것이다. 그러나 직장에서 창의력을 발휘하는 데 필요한 준비물들은 꼭 요청하도록 해라. 예를 들어 좋아 보이는 기술, 연구개발 자원, 사용하기 쉬운 발표 시스템, 교육, 교육 또 교육이 있다. 최선의 아이디어를 시도하고, 실험하고, 표현할 수 있을 때만 기업이 원하는 바로 그 창의적인 진취성을 펼칠 수 있다. 그러니 가능하다면 직장에서도 창의력을 발휘하는 데 도움을 주는 준비물들을 최대한 확보해라.

사람, 장소, 응원단

　　슬프게도 시작에 필요한 가장 중요한 자원은 재난대비용품 배낭에 들어가지 않는다. 알다시피 그 중요한 자원의 일부는 다음과 같은 공간이기 때문이다.

- ✓ 영감을 주는 장소
- ✓ 자신만의 조용한 장소
- ✓ 메이커스페이스[2]
- ✓ 용접 작업실, 목공소, 녹음실, 인쇄소와 같은 외부 작업장

　　단연코 가장 가치 있고 큰 힘을 실어주는 자원은 다른 창의적인 사람들이다. 그리고 우리는 그런 사람들이 많이 필요하다.

- ✓ 협력자
- ✓ 힘이 되어주는 관계
- ✓ 인재를 뽑기 위해 조언을 구할 만한 사람
- ✓ 창의적인 집단 및 모임
- ✓ 선생님과 멘토

---

2 컴퓨팅이나 기술에 관심 있는 사람들이 아이디어, 장비, 지식을 공유하며 자유롭게 창작과 구상할 수 있는 공간. ─옮긴이

　　　　　　　　　　　　　　　　지금 당장 시작하는 기술

✔ 흥미로운 친구와 지인

자신의 최고의 모습을 이 세상에 남기기 위해서는 친밀한 관계와 평생 끊임없이 나타나는 새로운 지인들로 삶을 채워야 한다. 그 어떤 자원도 사람만큼 영감을 주거나 자극을 주지 않는다.

현실적으로 우리는 동업자, 협업자, 투자자, 인재, 직원과 같은 아이디어를 실행하는 데 도움을 줄 사람들이 필요하다. 또는 고객이나 후원자가 필요할 수도 있다.

그리고 작품 판매 여부와 상관없이 팬이 필요하다. 우리가 만든 것에 응답해줄 사람들이 필요하다. 우리가 만든 것을 듣거나 읽거나 먹거나 입거나 오르거나 타거나 맘껏 즐길 사람들이 필요하다.

예술은 관객을 간절히 원한다. 당신이 다음에 만들 창작물을 예술 작품으로 생각하지 않을 수도 있다. 그러나 어떤 면에서 당신의 창작물, 즉 맨땅에서 출발해 당신만이 만들 수 있는 무엇은 예술 작품이 될 것이다. 그리고 예술은 사랑과 관심, 이해를 간절히 원한다. 우리는 모두 우리의 작품이 세상에 선보여지고 사랑받길 원한다. 그것도 예술의 일부다.

야망이 있든 없든 여러 시작을 내놓는 것은 시작예술가로서 해야 하는 여정의 일부다. 그렇게 해서 사람들을 찾아 헤매고 내가 시작한 일을 좋아하는 사람들을 찾는 것이다. 시작예술가의 작업이 모든 이의 사랑을 받진 못하겠지만, 그렇다고 그 누구에게도 사랑받지 못하는 건 아니다. 자신만의 누군가를 찾아라.

크리스마스 방학 후 고고부츠 재닛이 이사 갔을 때 내가 새로운 친구를 사귈 수 있도록 도와주셨던 초등학교 3학년 선생님의 말씀처럼, 누군가를 찾는 가장 좋은 방법은 바로 그 누군가가 내가 되는 것이다.

시작예술가 모임 주최하기

1. 시작예술가 모임을 소집해보자

자신의 생활 속에서 또 지역사회 내에서 다양성을 유지해라. 자신이 음악가라면 음악가만 초대하지 않도록 해라. 사업자, 교사, 시인, 요리사, 영화제작자를 모임에 포함해라. 이 기회를 활용해 존경하거나 궁금했던 사람들을 만나봐라.

2. 훌륭한 주최자를 선임하자

모임은 대화, 교류, 영감을 고무시킨다. 모임은 담화를 이끌어나가는 힘이 있는 주최자와 함께하는 것이 좋다. 그게 불편하다면 그런 친구를 모임에 참여시켜라.

3. 대화가 흐를 수 있도록 다음과 같은 질문을 해보자

· 현재 어떤 일을 하고 계신가요?
· 당신에게는 새로운 프로젝트를 시작하기 위한 과정이 있나요?
· 다른 일을 하고 있을 때 떠오른 새로운 아이디어를 어떻게 처리하나요?
· 미완성 작업에 대해 어떻게 생각하나요?

4. 교차 훈련으로 대화를 유도하자

음악가는 노래를 새롭게 편곡하기 위해 어떻게 하나요? 도예가는 유약과 가마 폭발로 인한 사고가 발생했을 때 어떻게 회복하나요? 제품이 유행에서 뒤처지면 사업가는 어떻게 방향을 바꾸나요? 시인은 어떻게 하루하루를 다시 시작하나요? 선거가 끝난 후 지역사회 지도자는 어떻게 조직을 재편성하나요?

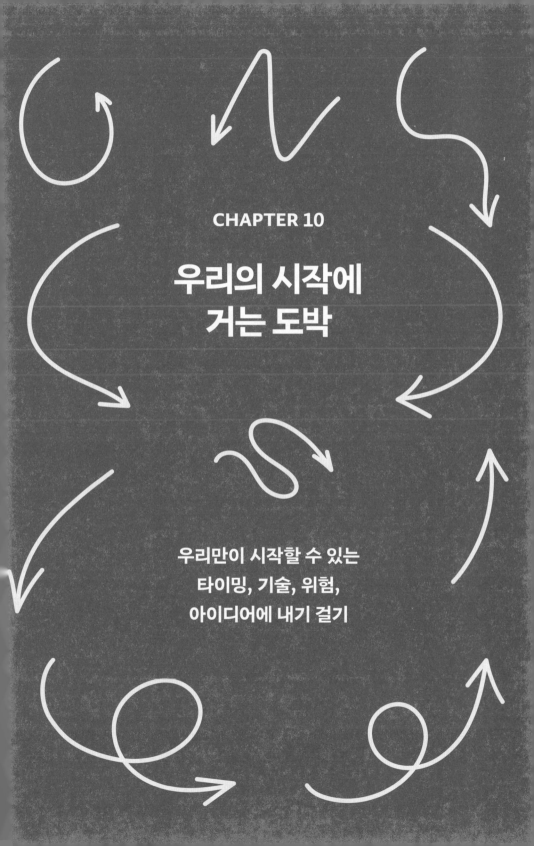

CHAPTER 10

우리의 시작에
거는 도박

우리만이 시작할 수 있는
타이밍, 기술, 위험,
아이디어에 내기 걸기

최고의 시작예술가가 되겠다고 결심하고서 더 많은 것을 시작하고, 더 나은 것을 창작하기 위해 노력하더라도 우리는 우리가 주저하고 있음을 눈치챌 것이다.

그 몇 가지 원인은 언급하고 넘어갈 만큼 중요하다. 우선, 어떤 이들은 죽자 살자 아이디어를 모아두기만 한다. 우리는 우리가 준비되고, 아이디어가 준비되고, 이 세상이 준비되고, 아이디어를 위한 보험을 마련할 수 있을 때까지 우리가 가진 최고의 아이디어를 사용하기를 두려워한다. 모든 자원을 손에 넣어 준비를 마칠 때까지 시작을 주저한다. 우리의 '모든 것을 쏟아부을' 만한 시간이 있을 때까지 '큰' 아이디어를 사용하고 싶지 않다. 또는 우리에게 큰 보상을 기져 다주지 못할 수도 있는 작은 아이디어에 에너지를 쓰고 싶지 않다.

자신의 실명이나 실제 아이디어를 책에 싣지 말아달라고 요청한 내 친구 제인을 예로 들어 보겠다. 제인은 재미있는 부업 아이디어를 가지고 있는데 앞으로 이것만큼 좋은 아이디어가 나오지 않을까 봐 걱정한다. 또한 자신이 준비가 되기도 전에 아이디어를 사용하면, 아이디어는 아무런 성과를 거두지 못하고 자신은 빈털터리로 망할까 봐 두려워한다. 그렇게 아이디어가 망한다.

전혀 그렇지 않아, 제인.

아이디어는 그렇게 작동하지 않는다. 아이디어는 증식하고 스스로 영속하는 경이로운 잡초다. 하나의 아이디어를 쓰고 날 때쯤이면 이미 다른 아이디어가 자라고 있다. 짜증 날 정도로 정말 그렇다.

성공적인 시작예술가는 아이디어를 시작으로 바꾸고 모든 아이디어를 사용한다. 또한 아이디어가 절대 떨어지지 않는다. 심지어는 하나의 아이디어에서 여러 가지의 시작을 짜낼 수도 있다. 술 취한 선원이 돈을 물 쓰듯 쓰는 것처럼 아이디어가 생기는 족족 사용해라. 아이디어를 써야만 그 가치를 알 수 있다. 시작해야만 더 나은 다음 아이디어를 탄생시킬 수 있다.

그나저나 당신이 아이디어를 모아두기만 한다는 단서는 책상에 쌓여 있는, 사용한 적 없고 새것 같은 일기장이다. 무엇을 기다리고 있는가? 25달러짜리 보물과 같은 일기장에 글로 남길 가치가 있는 통찰력이 찾아올 때 휴대전화 알림이라도 울리길 기대하는가? 그런 일은 일어나지 않는다. 일기장을 집어 들어 왜 일기장들을 모아두고만 있는지 적어보라.

지금 당장 시작하는 기술

텅 빈 일기장 또는 검토되지 않은 아이디어를 가진 채 죽지 않기로 하자. 말도 안 되는 시작 이야기가 더 말도 안 되는 시작 이야기를 불러오는 내용으로 가득 찬 일기를 쓰고 죽자. 이런 사람들의 장례식이야말로 가고 싶은 장례식이다.

이제 자신을 아이디어를 모아두기만 하는 사람이라고 생각하지 말자. 아이디어를 사용할 준비가 되었으며 숨죽인 채 우리의 아이디어를 기다리고 있는 이 세상에 쏟아낼 준비가 되었겠다. 하지만 일이 생각대로 쉽고 유쾌하게 일어나지 않을 테다. 그렇다면 더 깊이 고찰해볼 필요가 있겠다. 악마와 씨름해야 할지도 모르겠다.

창의적인 활동 중 나타나는 창의적인 악마는 태초부터 시작예술가를 망설이게 해왔다. 여기에는 두려움, 자아, 가짜 콤플렉스, 번아웃, 부정, 나쁜 습관, 결핍되었다는 사고방식, 수치, 슬픔, 손실 회피, 분노, 노여움, 두려움이 포함되며 여기에만 국한되지 않는다. (두려움을 두 번 말했는데 그 이유는 잘 알 테다.)

내가 들려준 이야기와 연습 활동으로 이 악당들의 존재를 슬쩍 암시하긴 했지만, 이것들을 명확히 짚고 넘어가는 것이 도움이 되겠다. 악당들에게 경고를 주는 것이다.

좋아하는 창작자의 전기를 읽어보면 모든 시작예술가가 이런 악당들과 씨름하는 것을 볼 수 있다. 이 또한 과정이다. 하지만 나는 종종 우리 아이디어가 악마와 씨름하고자 나타나는 것은 아닌가 하는 생각이 들기도 했다. 창의적인 과정의 악마가 모습을 드러내고 우리가 그 악마를 떠맡게 되는 것은 아닌가 생각했다.

정말로 어떤 어려움을 겪고 있다면 어서 빨리 도움을 받아라. 많이 고통스러울 경우 치료사와 같은 전문가를 만나보는 게 가장 좋다. 창의적인 악마는 정말로 고통을 준다. 그러나 다른 시작예술가와 함께, 일기를 쓰며, 전문가의 가르침으로 시간을 보내다 보면 점차 이 악마들을 대부분 쫓아낼 수 있다. 또한 가끔은 어떤 일을 시작하는 것만으로도 가능하다.

창의적인 활동을 하다 생긴 상처를 치료하고 창의적인 정신을 키우려면 자신에게 주어진 해야 할 일을 해라. 그러면 시작예술가적 삶으로 얻는 성취에 흠뻑 젖을 수 있다. 빠를수록 좋다.

째깍째깍

창작 활동을 하려면 편안하고 후회가 없으며 일정에 얽매이지 않는 상태여야 하지만, 진취성은 성가신 주제가를 배경음악으로 깔고 나타난다. 예를 들자면 째깍째깍으로 말이다. 창의적인 진취성이란 성가신 소명일 수 있겠다.

나는 우리가 아이디어를 행동으로 옮길 때 시각을 기록하는 타임스탬프를 찍고 있다고 항상 생각해왔다. 우리 아이디어는 그 순간을 역사에 남긴다. 그리고 역사는 우리가 아무리 무엇을 갖다 바친다고 하더라도 딱 그 순간에만 가능하다. 그래서 아이디어를 실행에 옮기는 것의 위험성과 우리의 상상력을 위해 삶을 시작 기계로 만드는 것의 위험성을 따져볼 때, 손실과 한계를 잘 생각해봐야 한다.

아이디어를 탐구하고 있지 않을 때 우리는 무엇을 잃고 있는가? 결정을 미룰 때 우리는 무엇을 잃고 있는가? 아니면 우린 첫 단계를 미루고 있는 것인가? 안목과 식견이 바뀌기 전까지 이 몸에 얼마나 많은 시간이 남았는가?

내가 마무리하지 못한 일들을 샅샅이 뒤지다가 어떤 날 후회에 잠겼다. 내가 했던 일들이 놓친 기회, 낭비된 청춘을 상징한다는 생각이 들었다. 내 과거의 창작물들과 화해를 하고 난 뒤에도 '만약 이랬더라면'이라는 생각이 슬쩍 끼어들었다. 다른 시작예술가들의 성공을 보고 내가 놓쳤을 수도 있는 것들을 보게 되었다. 큰 후회가 남아 있는 건 아니지만 대학생이자 20대였던 젊은 시절의 나를 만날 수 있다면 조언을 꼭 해주고 싶다.

나는 어린 내게 더 많은 일을 끝내라고 말하지 않을 것이다. 더 많이 시작하고, 다르게 시작하고, 더 많은 주의를 기울이라고 말할 것이다. 더 많은 도시에 살아보고, 더 큰 캔버스를 사고, 주황색을 더 많이 쓰라고 말할 것이다. 또한 반드시 승부를 더 많이 걸라고 말할 것이다. 위험성은 높지만 시간은 짧다.

늦은 시작

몇 년 전 어느 화요일, 나는 교외의 쇼핑몰에 있는 미술관에 우연히 들렀다. 미술관은 항상 내 맘을 흔들어놓으며 야망을 심어주는데, 특히 이 미술관은 예술가들이 실제로 낮에는 그림을 그리고 밤에는 미술 수업을 주최하기 때문에 가장 좋아했다.

스튜디오 뒤편에서는 캔자스대학교 야구 모자를 쓴 50대의 키 큰 남자가 거대한 이젤 앞에 서서 그림을 그리고 있었다. 거대한 캔버스에서 형태를 갖춰가는 이미지는 그를 둘러싼 벽에 걸린 작품들과 일치했다. 그림 속 눈에 띄는 색감의 활기찬 젊은 여성들의 모습은 모두 우위를 가리기 힘들 정도로 아름다웠다. 그 남자는 나를 따뜻이 맞이하기 위해 재빨리 자리에서 물러섰다.

집중을 깨는 것은 예술가에게 큰 손실이지만, 빌 로즈는 사람들과 이야기하는 것을 좋아했고, 이제 막 시작된 연애 이야기를 할 때 기쁘지마는 한편으로 약간의 가책을 느끼는 것 같은 마음으로 자신의 작품에 대해 이야기했다. 나는 그에게 이야기를 들려달라고 했고, 정말이지 그는 내게 소름 돋는 이야기를 들려줬다.

출세한 대기업 소속의 과학기술 프로젝트 관리자인 그는 운동선수인 세 딸의 아버지였으며 딸이 속한 농구 및 소프트볼팀의 코치로 자원해 일했다. 게다가 그는 유능한 사진가가 되어 가족들의 모습과 운동경기의 순간을 기록했으며 카메라 렌즈를 사용해 빛과 감정을 발견하는 법을 배웠다.

"어느 주말, 캔자스대학교 여자 소프트볼 경기에서 찍은 사진을 살펴보고 있었어요. 당시 13살이었던 딸은 미술 수업을 듣고 있었고 딸의 미술용품이 내 앞에 있는 탁자에 놓여 있었죠. 저는 심심한 김

지금 당장 시작하는 기술

에 손을 뻗어 딸의 스케치북과 연필을 집어 들고는 제가 찍은 사진 중 하나를 골라 스케치를 시작했어요." 빌이 말했다.

빌은 자신이 본 것을 그렸고 1시간 안에 사진과 매우 흡사한 스케치를 그려냈다. 그는 스케치를 10살, 13살, 16살 딸들과 아내에게 보여줬고 그들은 깜짝 놀랐다.

빌이 말했다. "그림 그리는 것도 즐거웠지만 무엇보다도 그림 그리기가 정말 쉽다는 점에 설렜어요. '사람들은 이게 얼마나 쉬운지 몰라. 그걸 알면 누구나 그림을 그릴 텐데'라고 생각했던 게 기억나네요."

빌은 자신의 발견을 열정적으로 공유했다. "저는 아내에게 스케치북을 들이밀고는 '자, 이거 해봐. 당신도 할 수 있을 거라 장담해. 그냥 사진을 보고 보이는 것을 그려봐'라고 말했어요."

빌의 아내는 결국 그에게 그게 아니라고, 그림 그리기가 그렇게 쉬운 일이 아니고 **모두가 그렇게 쉽게 할 수 있는 것은 아니라고 설득했다.** 분명 빌에게는 순수한 재능이 있었다.

빌은 다음 몇 달, 몇 년 동안 그림용품을 사고 그릴 대상을 고르고 몇 년간 그의 사진 주제였던 사람, 특히 여성 운동선수를 그리는 것에 관한 책이라면 모두 손에 넣어 읽으면서 좋아서 어쩔 줄 모르겠는 행복 속에서 살았다.

그 이후로 그의 삶은 믿기지 않을 정도로 너무 행복한 인생 이야기에 빨리감기 버튼을 누르고 있는 것같이 술술 풀렸다. 입선작 전시회에 나가고, 상을 받고, 판매가 빠르게 증가하고, 가격이 2배나

오르고, 단골 고객들의 마음을 사로잡고, 권위 있는 갤러리에서의 전시가 그의 삶을 가득 채웠다. 이러한 것들은 경력 있는 예술가들이 평생 작업하더라도 결코 달성하지 못하는 화려한 성공이었다.

내가 그를 만난 날 더 많은 성공이 펼쳐지고 있었다. 빌은 자신의 조수를 그린 그림이 세계적인 소묘 대회에서 우승했고, 그 그림이 오늘날 상징적인 스트라스모어 스케치북의 표지로 선정되었다는 사실을 알게 되었다. 또한 국제적인 예술품 위조의 세계로 끌려들어 간 예술 신동의 이야기이자 영화감독 클린트 이스트우드 가족이 출연하는 영화인 〈더 포저The Forger〉 속 미술 작품을 제작하는 꿈만 같은 임무를 시작하기 위해 캘리포니아주 카멜로 가고자 짐을 꾸리고 있었다. 47세에 자신의 재능을 발견한 이 남자는 어린 시절 자신의 능력을 발견한 예술가에 대한 영화를 위해 예술 작품을 창작하고 있었다.

나는 몇 년 후 큰 캔버스 위에서 공개적인 작업을 하다가 빌을 다시 우연히 만나게 되었다. 이번에 그는 캔자스시티로열스 야구단의 2015년 월드시리즈 우승을 기념하는 벽화 크기의 그림 작업을 하고 있었다. 야구단이 의뢰한 그 그림은 캔자스시티의 야구 경기장인 더케이The K에 걸려 있었다. 코치 및 스포츠 사진작가라는 빌의 배경은 강렬한 스포츠 예술을 창작할 수 있도록 그에게 6번째 감각을 준 것 같다. 그는 경기장과 국가 스포츠팀을 위한 대규모의 획기적인 작품을 자주 의뢰받는다.

빌은 지난 40년간 자신의 재능을 발견하지 못했던 것을 한탄하며 시간을 보내지 않는다. 빌은 말한다. "나쁜 일이 아닐 수도 있어요. 예술에 눈을 떴을 때 내가 가지고 있던 기존 경력에 열중해 있었더라면 예술을 내팽개쳤을지도 몰라요. 이게 어떤 기회인지 몰랐을 거예요. 예술가로서의 경력은 제게 알맞은 때에 시작됐지요."

하지만 빌의 성공 타이밍에 대한 나만의 이론이 있다. 빌은 평생 시작예술가로 살아왔기에 예술가로서의 삶에 쉽게 발을 들였던 것이다. 그는 사진가였고 빛을 연구했으며 사진 속에서 개개인의 개성을 찾아내는 일로 훈련된 안목을 지닌 예술가다. 그는 기술업계에 종사하며 변화를 주도하고 해결책을 만들어야 했다. 또한 알고 보니 빌은 젊은 시절 밴드에서 음악을 연주하고 노래를 썼던 음악가였다. 게다가 그는 작가, 특히 시나리오 작가이기도 하다.

그래서 빌은 자신이 그림에 재능이 있다는 걸 발견했을 때 고민하거나 미술학교에 들어가지 않았다. 그의 시작예술가적 근육은 무거운 무게를 들어 올릴 준비가 되어 있었다.

이제 60대가 된 빌의 목표는 보다 더 시작예술가적인 사람이 되는 것이다. "새로운 걸 시도하는 게 저에게는 여전히 어려워요. 더 많은 기회를 잡기 위해 더 많은 실험을 하는 것이 제 목표입니다. 시작한 것을 모두 끝낸다고 말하기는 좀 부끄럽네요. 다른 예술가들처럼 미완성 작품이 쌓여 있지는 않으니까요. 근데 아마 그래야 할 겁니다." 빌이 말했다.

빌의 이야기를 듣고 나도 모르는 어떤 재능들이 숨어서 나를 기다리고 있을지 궁금해졌다. 또한 빌의 이 이야기 덕분에 나는 심리적 안전지대에서 멀리 벗어난 새로운 일들과 내가 더 일찍 시작했다면 좋았을 일을 시도하게 되었다. 시작되지 않은 모든 아이디어를 애도하듯, 이제 나는 절대 드러나지 않을지도 모르는 그 모든 재능을 애도하는 바다.

40대에 한 번도 해본 적 없지만 항상 하고 싶었던 피아노 교습을 받아본다면 어떨까? 크리스마스 히트송 연주를 이끄는 데 10년이 걸릴지도 모른다. 아니면 2년 만에 콘서트 무대에 오르는 천재일수도 있다.

만약 당신의 재능이 아직 발견되지 않았다면? 조각을 해본 적이 있는가? 아니면 목공은? 재봉은? 음악 작곡이나 수플레 굽기, 군중을 움직여 사회 변화를 이루는 데 소름 끼치게 능숙하다면? 소설쓰기에 아니면 유리 세공에 타고난 재주가 있다면? 새로운 것을 생각보다 빨리 배우는 손이 있다면?

0분야의 달인

우리는 왜 나이가 들거나 바쁠수록 새로운 기술을 찾는 것을 그렇게 두려워할까? 인터뷰한 바에 따르면 22살의 미술학도들이나 노인들이나 다를 게 없게 들린다. 변명거리는 다음과 같이 시작한다.

"성공에 이르기까지 시간이 오래 걸릴 거예요."

지금 당장 시작하는 기술

"전 그런 일에 재능이 없어요."

"충분히 잘 해낼 만한 시간이 없어요."

"완성할 만큼 충분한 돈이 없어요."

"집에서 제가 더 많은 공간을 차지하게 되면 제 연인은 저를 떠날 거예요."

"제가 뭐라고."

사람들이 작가 말콤 글래드웰[1]을 비난하는 걸 들은 적 있다. (난 아니다. 난 그가 천재라고 생각한다.) 글래드웰은 저서 『아웃라이어』에서 어떤 기술을 터득하는 데 1만 시간의 연습이 필요하다는 결론을 내렸다. 어떤 사람들은 그 말을 듣고 '나는 정규직으로 일하면서 50세에 우쿨렐레 연주의 달인이 될 수 없을 거야'라고 생각한다.

창의적인 기술을 즐기기 위해 달인이 될 필요는 없다. 능력을 즐기기 위해 특출나거나 기량이 뛰어날 필요가 없다. 누군가 "재주 많은 사람치고 하나도 제대로 할 줄 아는 사람 없다"라는 말로 모욕적인 언사를 할 때면 짜증이 난다. 그 말의 뒷부분이 생략되어 있기 때문이다. "하지만 종종 하나만 잘하는 것보다 낫다." 내게는 이게 진짜 요지다.

시작예술가적 기교라 함은 제너럴리스트[2]의 사례라 할 수 있

---

1 캐나다 출신의 신문기자이자 세계적인 베스트셀러 작가 —옮긴이
2 Generalist. 많은 분야에 두루 걸쳐 상당한 지식과 경험을 가진 박학다식하다고 할 수 있을 법한 사람을 말한다. —옮긴이

다. 더 많은 아이디어를 실현할 수 있도록 많은 것을 배우는 것이다. 『늦깎이 천재들의 비밀: 전문화된 세상에서 늦깎이 제너럴리스트가 성공하는 이유』의 저자 데이비드 엡스타인[3]은 "협소한 전문화와 정반대되는 것이 우리의 가장 큰 강점이다. 폭넓은 것들을 통합할 수 있는 우리의 능력이 그렇다"라고 말했다.

나는 확실히 어떤 전문가도 어떤 것의 달인도 아니다. 하지만 10대 때부터 글을 쓰고 그림을 그렸고 내 작품을 팔 수 있을 만큼 꽤 잘한다. 또한 보통에서 매우 서툰 수준의 재능으로 가벼운 목공, 용접, 바느질, 정원 가꾸기, 드럼 연주를 할 수 있다. 이러한 재능 대부분은 (너그러운 마음으로 이를 재능이라고 불러줄 수 있다면) 10살 이전이나 40살 이후에 배운 것이다. 구체적으로 어떤 것을 만들고 싶은 마음에 이 모든 것을 배웠다. **위대해지고 싶었던 것이 아니라 단지 무언가를 만들어내고 싶었다.**

내가 아는 대부분의 시작예술가는 재밌고 다양한 재능 포트폴리오를 가지고 있는데, 시작예술가들은 유튜브 영상에 뛰어들어 새로운 것을 배우겠다는 투지가 만만하다. 한 기업가는 이렇게 말한다. "나는 다른 사람에게 시켜 비용을 지불하지 않아도 될 만큼 정원을 잘 가꾸는 법을 배웠습니다. 목공도 마찬가지죠. 지금은 상 받은 제 정원에 격자 울타리를 만들고 있는데, 지금까지 해본 프로젝트

---

3 베스트셀러 논픽션 작가이자 기자로 스포츠 과학, 의학, 올림픽에 관한 기사를 주로 썼다.

지금 당장 시작하는 기술

중 가장 만족스러운 프로젝트입니다."

<u>새로운 관심사를 시작하는 것은 일생의 즐거움이다.</u>

아이디어에는 때가 있다

다른 이가 그 일을 마무리할 것이라는 사실을 안다면 어떤 일을 시작하겠는가? 역사를 통틀어 인간은 계속해서 벽돌을 쌓아왔으며 그 일을 평생토록 할 것을 알고 있었다. 성당과 벽을 짓고 산을 깎는 일이 그들이 살아 있는 동안 완성되지 않을 것이기 때문이다. 또한 비전과 영감, 용기를 가지고 걸작을 시작한 시작예술가들은 마지막 돌을 쌓게 되거나, 성대한 개막 파티에서 리본을 자르고, 오이 샌드위치를 먹지 않을 거라는 것을 알고 있었다.

그들은 어쨌든 시작했다. 이것은 어른들을 위한 시작예술가적 기교다. 우리는 주연을 맡아 연기할 만큼 젊지만 각본을 완성할 시간이 부족할까 봐 걱정하고 있다. 그때 가장 무섭게 집중하고 잘 훈련된 창작자는 완성의 순간에 자기 자신을 투자하지 않는다는 것을 기억하자. 대신에 그들은 불 붙이는 순간에 자기 자신을 투자한다. 아이디어를 구체화하고 시작하는 데 투자한다.

아이디어는 죽지 않는다. 아이디어에는 우리보다 더 많은 시간이 있다. 마무리할 만큼 충분한 시간이 없는 아이디어에 불을 붙였다면 그 아이디어를 외부에 위탁하면 된다. 아마 우리가 가진 비전을 공유하고 그 아이디어가 가야 할 곳으로 인도해줄 누군가를 찾을 수 있을 것이다.

너무 웅대한 아이디어를 상상한다면 아마 그 아이디어를 우리 손으로 완성할 수 없을 것이다. 아니면 우리가 무언가 위대한 일을 하고 있다는 것을 의미할 수도 있다.

째깍째깍.

아무것도 놓치지 않았다

괜찮다. 당신은 아무것도 놓치지 않았다. 한동안 무시해왔던 아이디어가 떠오르거나 늦은 나이에 창작 활동을 시작하게 되더라도 두려워하거나 절대 후회하지 마라. 당신의 타이밍은 시기적절하다.

당신은 당신의 순간을 놓치지 않았다. 당신이 여기까지 오는 데 필요했던 모든 것을 가지고 지금 이 순간에 도착했다. 이 순간을 당신의 순간으로 만들기에 너무 피곤하다면 내일 같은 시간에 나타나라.

당신은 당신의 아이디어에 중요한 기회를 놓치지 않았다. 당신의 아이디어는 많은 기회를 가지고 있다. 아이디어가 가지고 있지 않은 것은 또 다른 모습의 당신이다. 아이디어의 창시자로서 오늘에 알맞은 새로운 버전의 아이디어를 찾는 것은 당신에게 달려 있다.

지금 당장 시작하는 기술

당신은 훌륭한 아이디어들을 놓치지 않았다. 아이디어가 당신을 찾아 다가올 것이다. 당신이 시작할 수 있는 것보다 더 많이 말이다. 시작 습관을 유지하고 두 눈을 바짝 뜨고 있어라.

늦은 시작하기

1. 다음의 문장들을 원하는 대로 완성해라

그렇게 오래 걸리지 않는다면, 나는 _____을(를) 배울 것이다.
내게 재능이 있다고 생각된다면, 나는 _____을(를) 시도할 것이다.
내게 여유가 있다면, 나는 _____을(를) 만들 것이다.
내가 자신감이 있다면, 나는 _____을(를) 할 것이다.
필요한 도움을 받을 수 있다면, 나는 _____을(를) 시작할 것이다.

떠나가 버린 아이디어가 있는가? 어렸을 때 또는 다른 삶을 살고 있었을 때 생각해본 것인가? 그것들을 모두 적어봐라.

2. 이제 당신을 여전히 설레게 하는 아이디어를 하나 골라보자
현재 삶에 맞게 그 아이디어를 재조정해라. 오늘 시작할 수 있을 아이디어의 새로운 모습은 어떠한가? 시작예술가가 되어라. 그것이 소설이라면 단편소설이 될 수도 있겠다. 사회운동이라면 토론 그룹으로 시작해볼 수도 있겠다. 한때 회사를 시작하고 싶었지만 이미 정년에 가까워진 나이라면, 멘토가 되어주거나 투자해줄 만한 기업가를 찾아볼 수도 있다.

3. 첫 단계에 대한 아이디어를 작성하자
별것 아닌 방법이라도 어떻게 하면 이 아이디어를 실현할 수 있을까? 이 페이지로 다시 돌아와서 아이디어를 살펴보고 아이디어에 대한 느낌이 어떤지 봐라. 새로운 아이디어를 발견하거나 다른 방법으로 가려운 곳을 긁을 수도 있을 것이다.

우리 중에 대담한 자

나는 1930년대 시카고에서 사탕 가게를 시작한 이탈리아 이민자의 아들 파스콸레 트로졸로라는 이름의 시작예술가에게 내 홍보 대행사를 팔았다. (또한 그는 프라이팬을 테플론으로 코팅한 사람의 조카이기도 하다. 157쪽을 참조해라.) 파스콸레는 어렸을 때 가족이 하는 사업을 좋아했으며 사업은 항상 그가 미래에 하고자 했던 일이었다. 운 좋게도 내가 회사를 팔 준비가 되었을 때 파스콸레가 이어받아 꾸린 사탕 가게는 마케팅 회사가 되었고 내 회사를 위한 완벽한 보금자리였다.

작은 회사를 합병하거나 매각하는 것은 마치 두 번째 결혼을 하기 위해 구애하는 것과 같다. 사업을 넘기는 것은 아이를 입양 보내는 것과 같다. 회사를 사는 것은 다른 사람의 아이들로 가득 찬 스쿨버스를 자신의 아이로 입양하는 것과 같다고 들었다.

이 과정은 수많은 데이트와 편집증적 성격 평가를 포함하기도 한다. 사업을 매각할 때 매각자는 자신의 사람들을 잘 대우해주고 사업을 성장시키고, 매각자에게 상환할 만큼 오랫동안 사업을 잘 유지할 수 있을 견실한 사람을 찾는다.

파스콸레는 견실한 사람을 가려내는 테스트에서 높은 점수를 받았다. 하지만 한 가지가 문제였다. 그는 경주용 자동차 운전을 좋아했다. 실제로 시끄러운 소리를 내고 1인승에 차체가 바닥에 딱 붙어 있고 바퀴가 큰 자동차로 하는 자동차경주 대회인 포뮬러 2000

레이스에 출전했다. 나는 파스칼레의 남성적인 취미에 깊은 인상을 받았지만 마음속으로는 긴장이 되었다.

돈이 많이 들고 대담한 취미를 가진 사람은 어떻게 사업을 운영할까? 그는 빠르고 시끄럽게 벽에 딱 붙어서[4] 나아갈까? 그런 사람이 어떻게 우리의 순이익을 가지고 안전히 사업을 운영할 수 있을까? 그에게 내 회사를 매각하는 위험을 감수하려면 그가 위험을 감수하는 방식을 납득할 수 있어야 했다.

회계 대차대조표와 사업 이력을 꼼꼼히 살펴보니 파스칼레는 큰 위험을 걸지만 영리하다는 것을 알게 되었다. 그는 36세에 보험 일을 그만두고는 퇴직연금을 현금화해 회사를 시작했다. 집에서 어린 자녀들과 함께 말이다.

"사업 초기에는 정말 많은 위험을 무릅썼어요. 그렇게 해서 제가 정말 바르게 성장하고 있다는 것을 알게 됐죠. 월말에 은행에 돈이 조금이라도 남아 있다면 제 자신에게 화가 나곤 했어요. 그 말은 제가 충분히 위험을 감수하지 않았다는 걸 의미하니까요." 파스칼레가 말했다.

내 회사를 사는 것은 파스칼레에게 판돈을 올리는 것이었다. 그는 혼자 힘으로 회사를 서서히 성장시키는 것보다 다른 회사를 인수함으로써 더 빨리 성장할 수 있다고 생각했다.

---

4 go close to the wall 혹은 go to the wall은 '자금이 부족해 사업이 망하다'라는 뜻과 '무언가를 이루기 위해 모든 힘을 동원해 최선을 다하다'라는 뜻도 있다.

그가 나에게 자신의 야심 찬 성장 계획을 설명했을 때 나는 지난 세월 동안 위험을 무릅쓰지 않았던 것을 자책했다. 그리고 나는 그에게 도박판의 칩을 줄 준비가 되어 있었다. 나는 "예"라고 말했다. 올인. 우리는 회사와 더불어 골동품 타자기 컬렉션도 합병했고, 파스콸레가 건 위험은 성공적이었다. 그는 수백만 달러의 가치에 달하는 견고한 사업체를 만들었으며, 즉시 기대보다 더욱 크고 성공적인 결과를 이뤄냈다.

파스콸레 같은 모험적인 시작예술가는 우리가 만드는 창작물에서 큰 역할을 하는 위험의 한 측면을 잘 보여준다. 이것은 내가 '대담한 위험'이라고 부르는 것으로 말 그대로 대담한 위험이다. 무모한 시작예술가에게 위험이란 방해가 되거나 참는 것이 아니다. 위험이란 종종 매력적이다. 재정적, 물리적 평판에 큰 위험을 감수하는 것은 영감을 불러일으킨다.

<u>시작예술가는 위험에 대한 내성을 쌓는 게 아니라 위험에 대한 욕구를 키워간다.</u> 위험에 대한 욕구는 속박을 벗어나 큰 상상을 할 수 있게 해준다. 더 많은 위험을 감수할수록 우리의 창작물은 더 혁신적이고, 풍부한 표현을 지니며, 기념비적인 것이 될 수 있다. 위험에 대한 욕구는 스마트카로 경주로를 운전할 때는 나타나지 않는 아이디어의 문을 열어준다. 우리가 안전지대를 벗어나게 한다. 이는 모든 창의적인 노력에 있어 사실이다.

예술가 에이더 코크는 다음과 같이 말한다. "이미 어떻게 될지 확실히 아는 것을 왜 시작하나요? 그게 무슨 재미죠?" 수십 년간 안

전한 방식으로 캔버스 위에 그림을 그리다가 그녀의 새로운 위험 욕구는 중년인 그녀를 창의적이고 폭발적인 경력으로 이끌었다.

도시의 폭력 사건 증가에 마음이 아팠던 에이더는 반폭력 운동가들과 함께 돈을 모아 사람들의 의식을 높일 대담한 기회를 잡게 되었다. 하나의 위험한 아이디어가 다른 아이디어로 이어졌고, 그녀는 곧 조각품, 행사, 전시, 패션 액세서리 및 공공 예술 설치물을 제작했다. "어떤 아이디어나 공동 작업자가 저를 사로잡으면 저는 일단 '네'라고 말하고 어떻게 할지는 나중에 생각해봐요." 그녀가 말했다. 어떤 것들은 도저히 어떻게 할지 생각나지 않는다. 그것이 위험이다. 에이더는 자신의 작품 중 1/3이 미완성작인 것으로 추정한다. 감당할 수 있는 비율이다. 그녀는 창의적 성과가 각자의 시간표에 맞춰 언젠가 나오게 되어 있다는 것을 알고 있기 때문이다.

시간과 자료를 건다는 것은 가장 큰 위험을 건다는 것과 비교하면 유치한 장난에 불과하다. 시작예술가들이 가장 많이 겪는 위험과 맞서야 하는 두려움은 창피, 상처에 대한 취약성, 평판이나 존경의 상실이다.

20년이 넘게 홍보 전문가로 일하면서 내 서랍은 대기업의 평판 위험에 관한 이야기 파일로 가득 차게 되었다. 내 임무는 경영진이 위험을 감수하기 전에 그 위험을 평가하고, 감수한 위험이 성과를 냈을 때 이를 활용하도록 도우며, 상황이 나빠졌을 때 손실을 최소화하는 것이었다.

어느 봄날 아침에 위험과 창피에 관한 요지를 피력하고자 한 인상적인 경영진의 실수 이야기를 찾기 위해 상자에 담긴 파일을 뒤지고 있었다. 그리고 그때 이웃에게서 문자 1통을 받았다. "산책하러 갈 수 있나요? 도움을 요청하고 싶은 일이 있어요."

우리는 그날 오후에 만났다. 내 이웃 다이애나 캔더를 좋아할 수밖에 없을 것이다. 그녀는 변호사에서 고문과 연사로 변신해 회사들이 혁신적이고 호기심으로 충만한 문화를 구축할 수 있도록 돕는다. 그녀는 사업을 하고 책을 쓰고 정치적 운동을 펼치고 티셔츠를 디자인하고 기혼 여성이 자신의 남편을 은근히 유혹하는 걸 도와주는 앱을 만들었다. 그렇다. 그녀는 아주 대단하고 노련한 시작예술가다.

우리는 걸으며 이야기하고 조금 더 걸었다. 다이애나는 할 말을 미루며 시간을 끌고 있었다. 그녀에게서 이런 모습을 본 적이 없었다. 결국 그녀는 부탁을 털어놨다. "팟캐스트를 시작하려고 해요. 여성 전문가와의 인터뷰로 이뤄지는 여성 멘토링을 계획해봤어요. 시험 방송의 초대 손님은 『나로서 맹렬하게Fiercely You』의 저자인 재키 휴바예요. 우리는 드래그퀸[5]처럼 춤추는 것을 운동으로 삼아 하는 것과 이것이 어떻게 맹렬한 감정과 아무도 우리를 멈출 수 없다는 감정을 느낄 수 있게 해주는지를 이야기하려고 해요." 이어서 말했다. "제가 춤추는 걸 녹화해주세요. 드래그퀸처럼 춤추는 걸 말이

---

5 젠더 특성을 공연 형식으로 풀어내는 예술 행위를 드래그Drag라고 한다. 일반적으로는 자신이 성별과 다른 성별의 특성을 과장되게 재현한다. 그리고 남성이 여성으로 분장한 드래그를 하는 사람을 드래그 퀸Drag Queen이라고 한다.

에요. 여기서요."

당신이 공공장소에서 춤추는 것을 창피하다고 생각하지 않는 사람들을 알고 지낸다면 좋겠다. 하지만 다이애나에게 정말이지 이는 창피한 일이었다. 게다가 드래그퀸처럼 분장을 하고. 이는 극단적으로 상처에 취약한 행위였다. 그 모습을 촬영한 영상을 인터넷에서 엄청난 수의 사람들이 볼 수 있다는 사실을 덧붙이면, 이것은 그녀에게 최악의 악몽이었다.

그러나 나는 무슨 일이 일어나고 있는 건지 알고 있었다. 다이애나는 위험성을 잘 이해하고 있는 시작예술가다. 그녀는 자신이 그 창피함을 극복해낼 것임을 알고 있었다. 전에도 그런 적이 있었다. 아이디어의 부름에 응하지 않는다? 그것만은 견딜 수 없었다.

30분을 더 걸은 후 그녀는 미디어 재생 프로그램 아이튠즈에서 재생 버튼을 눌렀다. 음악이 있었고, 춤추는 사람이 있었고, 쳐다보는 사람이 있었다. 영상을 확인하기 위해 멈추고 이는 다시 시작되었다. 20분 만에 우리는 인도를 따라 대담하게 춤을 추는 2명의 여성을 촬영했다. (그녀가 혼자서만 춤추도록 내버려둔다면 그건 인간이 아닌 짐승이나 다름없다. 창피함을 나누면 위험도 절반이 된다.)

나중에 팟캐스트를 들으면서 다이애나가 재키 휴바를 첫 초대 손님으로 선택한 이유를 알게 되었다. "연설을 하기 전에 긴장해서 몸이 아팠어요. 여성이 약점을 극복하도록 돕는 것이 이 쇼의 목적이라면, 제 약점 이야기로 시작해야겠죠." 다이애나가 말했다. 결론을 말하자면 다이애나는 이제 연설 전에 아픈 일이 거의 없다.

<u>위험이 창의력을 성장시키는 데 결정적인 역할을 할 수 있다.</u> 두려운 일을 시작하는 건 우리를 두렵게 만드는 것에서 창의적인 정신을 자유롭게 하는 것이다. 휴바가 책 『나로서 명렬하게』에서 말했듯, 다른 사람이 우리에게 내리는 판단에 대한 두려움을 없애는 방법은 "포즈를 취하고, 자신이 가진 능력을 구체적으로 드러내며, 비판하는 이들에게 도도하고 당당한 모습을 뽐내며 걸어 나가달라고 말하는 것이다."[6] 드래그퀸처럼 말이다.

대부분의 창의적인 과정에서의 위험은 실제적이거나 계산되지 않는다. 위험에 대한 어떤 감각, 느낌만 있을 뿐이다. 또한 우리가 시작할 때마다 이런 느낌은 줄어들게 된다.

파스콸레로 돌아가보자. 그는 이제 은퇴했다. 그의 새로운 취미가 무엇인지 맞춰볼 텐가? 누가 시 쓰기라고 맞출 수 있겠는가? 그는 실제로 정말 시인이다. 그는 시집과 책을 출판했으며 예술가들과 협력해 벽을 시로 채우는 예술 활동을 하고 있다. 나는 이것을 대담한 시라고 부르는데, 파스콸레만의 특징인 부드러운 말투와 비밀스러운 모습, 기품이 넘치는 태도(그는 여전히 정장을 입고 셔츠의 소매를 뒤로 접어 올린다)를 떠올려 볼 때 그 모든 게 그의 시에 담겨 있기 때

---

6 미국의 리얼리티 드래그퀸 경연 프로그램 〈루폴의 드래그 레이스〉에서, 심사위원이자 진행자인 루폴은 경연 탈락자에게 자리를 떠나달라고 말할 때 "Sashay away"라고 말하는데, 이는 '도도하고 당당한 모습을 뽐내며 걸어 나가라'는 의미. 드래그퀸들은 흔히 이런 모습으로 걸으며, 이 장면은 밈으로 확산되며 인기를 얻었다. —옮긴이

문이다. 은밀하고 감각적이며 때로는 논란의 여지가 있고 정치적이기도 하다. 그러나 항상 진실하고 흥미로우며 위험하기도 하다.

당신의, 당신에 의한

나는 파스콸레에게 이를 말하지 않을 것이다. 작가들은 사람들이 자신에게 무엇을 써야 하는지 말하는 것을 싫어하기 때문이다. 하지만 언젠가 파스콸레가 자동차경주장과 사탕 가게에서 보낸 유년 시절이 어떻게 더 좋은 시인이 되게 만들어주는지에 대한 시를 쓰기를 바란다. 이제 이것은 오직 파스콸레만이 쓸 수 있는 시다. 진실을 말하자면, 그가 쓴 모든 시는 오직 그만이 쓸 수 있는 시라는 것이다. 또한 그가 시작한 사업은 오직 그만이 시작할 수 있는 사업이었다.

당신과 나도 마찬가지다. 여기 이 문제는 실존적인 문제다. **아이디어를 행동으로 옮기지 않으면 아이디어는 존재하지 않을 것이다.** 정말이다. 아이디어는 당신이 만들었을 법한 방식으로 존재하지 않을 것이다. 오직 우리만이 만들 수 있는 창작물이 우리 안에서 기다리고 있다. 이는 시각, 기술, 타이밍, 역사 등 다른 그 누구도 활용할 수 없는 것들의 조합으로 만들어진 창작물이다.

오직 캠 어섬만이 괴롭힘을 당했던 유년 시절과 남을 웃기는 법을 배우는 것, 헤비급 채식주의자 올림픽 권투 선수가 되는 법에 관

지금 당장 시작하는 기술

한 프레젠테이션을 만들 수 있다.

오직 로라 슈미츠만이 양말에 "나는 멋져"라는 말을 새길 수 있고, 그녀의 확언이 예측한 대로 이를 기분 좋은 사업으로 이끌 수 있다.

오직 나의 금발 친구 카라와, 맥주를 좋아하고 영상을 제작할 줄 아는 카라의 금발 친구 캔디만이 맥주 리뷰 유튜브 채널인 '맥주 마시는 두 금발의 여자^{Two Blondes Drink Beer}'를 시작할 수 있다.

오직 나만이 초등학교 3학년 교실 게시판에 붙일 단풍을 자르는 것으로 시작해 드래그퀸처럼 춤추는 것으로 끝나는 책을 쓸 수 있다. 우리 엄마는 이를 자랑스러워 하신다.

더 많은 것을 시작하고 이 세상에 자신의 모습을 더 많이 남기고자 자신의 이야기를 가지고 나아갈 때, 다른 이들에게 보이는 모습에 너무 많은 관심을 두지 않길 바란다. 나는 당신이 자기 자신에게 잘 맞는 것부터 시작하기를 바란다. 그것이 당신이란 존재로 만들어졌기 때문이다.

당신의 역사는 어떠한가? 당신의 부모님은 평생 어떤 일을 했는가? 반려동물을 키워봤는가? 어디에 살았으며 그것이 당신에게 어떤 영향을 미쳤는가? 10대 시절 당신의 특출난 능력과 어려움은 무엇이었는가? 청년기에는? 어떤 선생님께서 당신이 자기 자신에 대한 믿음을 가질 수 있게 해줬는가? 당신이 3살 때 여동생이 당신을 뒷마당 뮤지컬 무대에 서게 했는가?

당신에게는 어떤 창작 기술이 있는가? 글쓰기, 건축하기, 코딩

하기, 춤추기, 말하기, 식물 심기, 작곡하기, 요리하기, 조각하기, 그리기, 노래 부르기, 이끌기, 공동체 구축하기, 발명하기?

당신은 무엇을 가장 특별히 강하게 느끼고, 믿고, 사랑하는가? 눈을 좋아하는가? 춤추고픈 관객들을 위해 마련된 콘서트장 맨 앞자리를 싫어하는가? 외계인을 믿지만 외부 은하에만 존재한다고 생각하는가? 퇴비 만드는 것을 좋게 생각하는가? 또는 비틀즈의 초기 드럼 연주자인 피트 베스트가 비틀즈와 가장 잘 맞는다고 생각하는가?

<u>당신의 모습이 당신 아이디어의 재료다.</u> 당신이 소중히 여기고 또 당신이 부정하는 당신의 모습이 당신을 지금의 모습에 이르게 했다. 이 모든 것이 함께 당신만의 고유한 시작점을 형성한다.

그 누가 알까?

사업이나 책 또는 새로운 정당 등 당신의 큰 아이디어를 시작하거나 끝내는 데 무엇이 얼마나 필요할지 모르겠다. 진짜 큰 아이디어라는 것이 지금 가지고 있는 그 아이디어인지 아니면 아직 오지 않은 아이디어일지 모르겠다. 또 당신이 본업을 그만둘 수 있을지, 부모님을 자랑스럽게 할지, 아니면 당신이 항상 꿈꿔왔던 일로 자녀에게 창피를 주게 될지 모르겠다.

하지만 이건 분명히 안다. **당신도 어떻게 될지 모른다.**

당신은 무엇이 얼마나 필요할지 모른다.

당신은 어떤 기분을 느끼게 될지 모른다.

당신은 무엇을 배우게 될지 모른다.

당신은 어떻게 끝이 날지 모른다.

당신은 알 수 없을 것이다.

언제까지냐면… 에이, 그걸 내가 꼭 말할 필요가 있을까?

끝.

세상이 여기에 달린 것처럼
시작해라

증가하고 있는 인류와 줄어들고 있는 지구를 위해 우리의 적극적인 참여가 아주 많이 필요하다. 많은 혁신과 빛처럼 빠른 사고, 탈바꿈, 또한 새로운 시작이 많이 필요하다. 변화는 길 위를 질주하고 있으며, 우리는 그 어느 때보다 더 빠른 속도로 혁신해야 한다.

그래서 나는 내가 직접 만든 예술적인 연단 위에 올라서서 당신이 부름에 응답하도록 설득하고자 한다. 당신이 시작하기로 되어 있는 것들을 시작하라는 부름, 그리고 거기서 멈추지 말라는 부름 말이다.

나는 가장 중요하다고 할 수 있는 시작예술가적 파트너 관계를 맺기 위한 초대장을 보내는 바다. 신나고 영감을 주고 화려하고 마음을 빼앗아버리는 괴짜 같은 창작물을 만드는 일에 나와 함께해주길 바란다. 당신이 평생 끝내보지 못할 벅찬 프로젝트를 함께하자. **보다 더 시작예술가적인 세상 만들기를 말이다.**

한시가 급하다. 인간은 창작 활동을 할 수 있도록 완벽히 설계되었지만, 이 세상은 새로운 일을 시작하기에 끔찍한 위기에 처해 있기 때문이다. 전쟁, 기후, 질병이 전 세계적으로 추악한 대소동을 벌이며 파괴가 얼마나 빠르고 쉽게 일어날 수 있는지 보여주고 있다.

유일한 해답은 창의적인 진취성이다. 전쟁이 단 몇 주 만에 도시 전체를 파괴해버린다면, 우리는 이재민을 수용하고 치료할 수 있는 시스템 구축과 효율적이고 경제적이며, 인간적인 재건을 위한 뼈대 설계를 빨리 시작해야 한다. 전염병이 단 몇 달 만에 수만 개의 사업체를 닫게 할 수 있다면, 우리는 망해서 대체되는 사업체들보다 위기를 더 잘 극복하고 더 유연한 사업체를 더 빨리 시작해야 한다. 시작을 위해서 우리는 모두 손을 모아 도와야 한다.

예술, 사회적 프로그램, 교육을 되살리고 개혁하기 위해 시작예술가적으로 협력하고 자신감 있고 창의적인 객기를 부릴 필요가 있다. 신뢰가 무너지고 정치적으로 양극화된 위기 속에서 우리를 하나로 묶을 시작예술가적 공동체를 건설할 사람들이 필요하다. 우리의 슬픔과 상실을 표현하고, 우리가 얼마나 비슷한지 보여주고, 우리가 다르다는 것이 얼마나 아름다운지를 보여주기 위한 새로운 예술 작품들이 계속해서 끊임없이 탄생해야 한다. 모든 아이가 다가오는 격동의 시대에 준비될 수 있도록 새로운 교육 모델, 새루운 학교와 교실, 교과과정이 필요하다.

사회에 필요한 일을 시작하지 못하고 우리를 실망시킨 일을 다시 시작하지 못한다면, 더 많은 불평등과 불의가 생겨날 것이다. 이것이야말로 진정한 삶과 죽음의 문제다.

하지만 괜찮다. 우리는 이러한 문제를 위해 만들어졌다! 우리는 손의 정교한 움직임으로 문명을 이룩할 수 있게 해준 양쪽 엄지와 추상적 추론 능력, 여러 개념을 결합하는 능력을 가지고 세상에 태어났다. 우리는 문제를 해결하고 시작하고 다시 시작하도록, 또 이를 반복하도록 만들어졌다.

그러니 도와줄 수 있겠는가? 부끄러움과 변명에 맞서 무기를 들겠는가? 좋은 아이디어를 포착하고, 첫 번째 단계를 믿고, 창의적인 과정에 연료를 공급하는 시작예술가 생태계를 만들겠는가?

창작하는 사람과 진취적인 사람이 "끝낼 수 있는 것보다 더 많은 것을 시작하지 말아라"라는 말을 하지 않는 세상을 건설하는 데 도움을 주겠는가?

감사의 말

나는 헬츠버그기업가멘토링프로그램Helzberg Entrepreneurial Mentoring Program
의 설립자이자 시작예술가인 바넷 헬츠버그에게 그가 지난 20년간
비즈니스 멘토들과 함께 일한 경험에 비춰 봤을 때, 시작예술가들에
게 해줄 만한 가장 중요한 조언 한 가지를 꼽으라면 무엇이냐고 물
었다. 그는 주저하지 않고 말했다. "사람들은 도와줄 것이다."

그렇다! 도와줄 것이다.

창의적인 용기로 이 책에 영감을 주고 시간을 내어 자신의 이야
기를 들려준 가족, 친구, 동료, 창작자 등 내게 도움을 준 수백 명의
시작예술가에게 감사드린다.

소셜미디어, 이메일, 대면 인터뷰에서 질문에 답해주고, 그들
의 열정과 여러 가지 방법, 또 시작예술가적 관점을 공유해준 거의

1,000명에 달하는 모르는 분들께 감사드린다. 여러분의 눈부신 창의적인 프로필을 읊으며 여러분의 이름을 모두 언급할 수 있다면 좋겠다. 여러분은 인간에 대한 나의 신뢰를 더욱 굳어지게 했다.

내 말을 듣고 읽고 내게 충고해주고 깨달음을 주며, 쉼표를 다 빼주고, 수천 페이지에 달하는 메모와 개념을 책으로 바꾸는 데 도움을 준 자애로운 멘토들께 깊은 감사를 드린다. 내가 결승선을 찾을 수 있도록 몇 시간 동안 너그러운 대화와 산책을 함께해준 친구이자 멘토인 라니아 앤더슨에게 특별한 고마움을 전한다.

나를 위해 시간을 내준 가장 훌륭하고 똑똑하고 바쁜 다음의 모든 분께 감사드린다. 랜스 앤더슨, 닉 앤더슨, 애니 안드레, 캠 어섬, 톰 버르텔스, 조앤 코헨, 톰 코빈, 캐시 도드, 스티드, 스티브 도얄, 앨 에디슨, 에리카 엘람, 키어스텐 퍼퀘인, 데니스 그린, 스테파니 게린, 자넬 핸쳇, 잰 하니스, 매리 델 해링턴, 로이스 헤인즈, 주디 히터, 리사 헤퍼넌, 신디 허드슨, 래리 제이콥, 내이선 잰츠, 존 얀츠, 킴 존스, 다이애나 캔더, 나타샤 키르쉬, 셸리 드모트 크레이머, 로라 라이벤, 리사 랄라, 제니퍼 랩카, 알렉스 라발리, 티나 소프 릿시, 마이크 룬드그렌, 젠 만, 펠리페 토레스 메디나, 줄리 넬슨 미어스, 샘 미어스, 라덴 모튼, 카라 올슨, 다니엘 핑크, 바브 프루이트, 로버트 퀘켄부시, 신디 레이놀즈, 지지 로저스, 윌리엄 로즈, 앨 새뮤얼스, 로라 슈미트, 그레이시 슈람, 질 슈람, 필 스미스, 레베카 스미스, 존 스티븐스, 스트레치, 툴라 톰슨, 파스칼레 트로졸로, 털사에서 온 톰, 로라 우버, 바바라 우넬, 애슐리 워드, 조앤 웰스, 로스 웨더리히, 린제이

짐머만. 여러분들의 시작예술가적 기교는 내게 영감을 줬다.

가장 심오한 시작예술가적 기교에 관한 이야기는 이 책에 포함되지 않았다. 이야기를 쓰고 또다시 쓰면서 시도해보니 어떤 이야기는 마땅히 완전하고 진실하게 전달될 필요가 있으며, 이 책은 그러기에 바람직하지 않다고 깨달았다. 예를 들어 나는 끔찍한 증오 범죄 때문에 아버지와 15살의 아들을 총에 맞아 잃은 내 친구 민디 코포론이 선량한 사회적 운동을 시작한 이야기로 시작해 치유의 힘을 보여주고 싶었다.

자신감과 희망을 잃어버려 미술 치료 시간에 색분필이 든 상자에서 색깔을 고를 수조차 없었던 가정 폭력 보호소 여성들의 이야기로 우리가 아이디어를 행동으로 옮기는 능력을 모두 잃어버리면 어떻게 되는지를 보여주고 싶었다.

반려견 미용사의 딸이자 부모들에게 반려견 미용 기술을 가르쳐 가족을 빈곤에서 구하는 기업가적 비영리단체인 그루밍프로젝트의 설립자 나타샤 키르쉬의 이야기로 개인의 과거가 어떻게 삶을 변화시키는 시작의 영감이 되는지 보여주고 싶었다.

영감을 주는 이 이야기들은 오래도록 지속되는 고통과 상실을 담고 있는데, 이 이야기를 농담 섞인 창의적인 격려의 말 속에 넣어 하찮아 보이도록 하는 위험을 감수할 수 없었다. 이 이야기들은 생각을 행동으로 옮기는 것이 인간성을 치유하고 구하며 재생시킨다는 나의 확신을 더욱 굳건히 해주는 데 아주 중요한 역할을 했다. 그러나 안심하길 바란다. 앞으로 몇 년간 나는 프레젠테이션에서 이 이야기를 들려주도록 하겠다. 민디와 나타샤, 새로운 쉼터에서 지내고 있는 여성들에게 감사를 전한다.

나의 저작권 대리인 자일스 앤더슨과 나의 편집자 카라 베딕, 또한 출판사 크로니클 프리즘 내 편집팀에 감사를 전한다. 이 책은 코로나가 한창일 때 출판사를 만나게 되었다. 아무래도 1년 동안 마이크로소프트 팀즈를 가지고만 사람들과 원격으로 일하는 것은 쉬운 일도, 자연스러운 일도 아니었다. 어떻게든 4개의 다른 시간대에 일하면서 그들은 컴퓨터 화면 앞에서 보내는 시간을 부엌 식탁에서 열리는 모임이라도 되는 듯 수월한 기분이 들게 해줬다.

여자는 힘든 일을 할 때 친구들이 필요한데, 내게 '의미를 주는 여성들'인 EE시스터즈에게, 즉 파리의 카페 친구들, 북클럽 자매들, 나의 진짜 자매들과 멋진 엄마에게 항상 감사하다고 전하고 싶다.

마지막으로, 내게 즐거움을 주는 남편과 최고의 실험 대상이자 편집자, 고문, 부르면 오는 상시 대기하는 코미디 극단인 시작예술가적 딸들인 테스 필립스와 테일러 케이 필립스에게 우레와 같은 박수를 보낸다. 자신들의 창작 활동도 시간을 많이 잡아먹는 터라 바쁠 텐데, 문자와 전화 몇 통에 항상 답해줄 정도로 친절했다. 또한 나를 보호해주고 내가 목소리를 낼 수 있도록 도와주며 다른 그 누구도 해줄 수 없는 일을 해줬다. 사랑한다.

수백 편의 기사, 책, 연구, 프레젠테이션, 또한 수많은 사적인 대화로 많은 것을 이해할 수 있었고, 이는 나를 확신으로 이끌었다. 이 목록은 내가 직접 참조하거나 인용한 출판물 일부와 이에 더해 독자들에게 유용하거나 흥미로운 출판물을 포함한다.

창의적인 용기와 자신감에 관해서

• Gilbert, Elizabeth, 『Big Magic: Creative Living Beyond Fear』, Riverhead Books, 2015. (엘리자베스 길버트, 『빅매직: 두려움을 넘어 창조적으로 사는 법』, 민음사, 2017.)

• Huba, Jackie, and Shelly Stewart Kronbergs, 『Fiercely You: Be Fabulous and Confident by Thinking Like a Drag Queen』, Berrett-Koehler

Publishers, 2016.

- Kleon, Austin, 『Steal Like an Artist』, Workman Publishing, 2012. (오스틴 클레온, 『훔쳐라, 아티스트처럼』, 중앙북스, 2020.)

창의적인 과정에 관해서

- Godin, Seth, 『The Practice: Shipping Creative Work』, Portfolio, 2020. (세스 고딘, 『더 프랙티스: 놀라운 성취를 이뤄낸 사람들의 비밀』, 쌤앤파커스, 2021.)
- Harford, Tim, 『Messy: How to Be Creative and Resilient in a Tidy-Minded World』, Little, Brown, 2016. (팀 하포드, 『메시MESSY: 혼돈에서 탄생하는 극적인 결과』, 위즈덤하우스, 2016.)
- Kahneman, Daniel, 『Thinking, Fast and Slow』, Farrar, Straus and Giroux, 2013. (대니얼 카너먼, 『생각에 관한 생각』, 김영사, 2018.)

의사결정에 관해서

- Gal, David, 「A Psychological Law of Inertia and the Illusion of Loss Aversion」 Judgment and Decision Making 1(2006): 23-32.
- Gilbert, Daniel, 『Stumbling on Happiness』, Vintage Books, 2007. (대니얼 길버트, 『행복에 걸려 비틀거리다』, 김영사, 2006.)
- Jessup, Pierre, "Looking for the Effect of Emotion in Economics", Brain World, October 20, 2020.
- Leher, Jonah, 『How We Decide』, Houghton Mifflin Harcourt, 2009. (조나 레러, 『뇌는 어떻게 결정하는가』, 21세기북스, 2016.)

지금 당장 시작하는 기술

진취성에 관해서

- Henry, Todd, 『The Accidental Creative: How to Be Brilliant at a Moment's Notice』, Portfolio, 2013. (토드 헨리, 『나를 뛰어넘는 법: 내 안에 숨은 무한한 잠재력 끌어내기』, 토네이도, 2011.)

- Maurer, Robert, 『One Small Step Can Change Your Life: The Kaizen Way』, Workman Publishing, 2014. (로버트 마우어, 『아주 작은 반복의 힘: 끝까지 계속하게 만드는』, 스몰빅라이프, 2023.)

- Robbins, Mel, 『The 5 Second Rule: Transform Your Life, Work, and Confidence with Everyday Courage』, Savio Republic, 2017. (멜 로빈스, 『5초의 법칙: 당신을 시작하게 만드는 빠른 결정의 힘』, 한빛비즈, 2017.)

의식 수행에 관해서

- Currey, Mason, 『Daily Rituals: How Artists Work』, Knopf, 2013. (메이슨 커리, 『리추얼: 세상의 방해로부터 나를 지키는 혼자만의 의식』, 책읽는수요일, 2014.)

- Hobson, Nick, "How Rituals Alter the Brain to Help Us Perform Better", Psychology Today, September 1, 2017.

창의력의 과학에 관해서

- Beck, Henning, 『Scatterbrain: How the Mind's Mistakes Make Humans Creative, Innovative, and Successful』, Greystone, 2021.

- Csikszentmihalyi, Mihaly, 『Flow: The Psychology of Optimal Experience』, Harper Perennial Modern Classics, 2008. (미하이 칙센트미하이, 『몰입

FLOW: 미치도록 행복한 나를 만난다』, 한울림, 2005.)

- Epstein, David, 『Range: Why Generalists Triumph in a Specialized World』, Riverhead, 2019. (데이비드 엡스타인, 『늦깎이 천재들의 비밀: 전문화된 세상에서 늦깎이 제너럴리스트가 성공하는 이유』, 열린책들, 2020.)
- Pink, Daniel, 『A Whole New Mind: Why Right-Brainers Will Rule the Future』, Riverhead Books, 2006. (다니엘 핑크, 『새로운 미래가 온다: 예측 불가능한 미래를 대비하는 6가지 생각의 프레임』, 한국경제신문, 2020.)
- Sawyer, R. Keith, 『Explaining Creativity: The Science of Human Innovation』, Oxford University Press, 2012.

창의적인 글쓰기에 관해서

- Baty, Chris, 『No Plot? No Problem!: A Low-Stress, High-Velocity Guide to Writing a Novel in 30 Days』, Chronicle Books, 2014.
- King, Stephen, 『On Writing: A Memoir of the Craft』, Hodder & Stoughton, 2001. (스티븐 킹, 『유혹하는 글쓰기: 스티븐 킹의 창작론』, 김영사, 2017.)
- Lamott, Anne, 『Bird by Bird: Some Instructions on Writing and Life』, Pantheon, 1991. (앤 라모트, 『쓰기의 감각: 삶의 깨우는 글쓰기 수업』, 웅진지식하우스, 2018.)

진취성과 창작에 관한 모든 행위에

한 가지 근본적 진리가 있으니,

그 진리를 무시하는 것은

수많은 아이디어와

훌륭한 계획을 묵살한다.

자기 자신을 완전히 헌신하는 순간

섭리 또한 움직인다.

그렇지 않았다면 절대 일어나지 않았을

온갖 일들이

그자를 돕고자 일어난다.

모든 일련의 사건은 결단에서 비롯되며,

그 누구도 꿈꿀 수 없었던

모든 종류의 예상치 못한 사건, 만남, 물질적 자원이

그자를 위해 일어난다.

— 윌리엄 머레이,[1] 「두 번째 히말라야 탐험THE SECOND HIMALAYAN EXPEDITION」[2]

---

[1] William Hutchison Murray. 20세기 스고틀랜드 출신의 등산가이자 작가. -옮긴이
[2] 원래 이 글의 출처는 1951년 출간된 윌리엄 머레이의 책 『스코틀랜드인의 히말라야 탐험The Scottish Himalayan Expedition』이다. —옮긴이

지금 당장 시작하는 기술

초판 1쇄 발행 2023년 3월 1일

지은이 베키 블레이즈
옮긴이 이현경
브랜드 경이로움
출판 총괄 안대현
책임편집 이동현
편집 김효주, 정은솔, 이제호
마케팅 김윤성
표지·본문 디자인 윤지은

발행인 김의현
발행처 (주)사이다경제
출판등록 제2021-000224호(2021년 7월 8일)
주소 서울특별시 강남구 테헤란로33길 13-3, 2층(역삼동)
홈페이지 cidermics.com
이메일 gyeongiloumbooks@gmail.com(출간 문의)
전화 02-2088-1804 **팩스** 02-2088-5813
종이 다올페이퍼 **인쇄** 천일문화사
ISBN 979-11-92445-25-0 (13190)

당신의 시작이
최고의 마무리를 해낼 것이다!